ALL THE DOGS ARE BARKING

© 2006 Martha Steinberg

Preparação de texto: Renato Potenza

Capa e projeto gráfico: Alberto Mateus
Edição de arte e diagramação: Crayon Editorial

Dados Internacionais de Catalogação na Publicação (CIP)
(Câmara Brasileira do Livro, SP, Brasil)

Steinberg, Martha
   All the dogs are barking / Martha Steinberg. – São Paulo : Disal, 2006.

   ISBN 85-89533-49-2

   1. Animais 2. Inglês – Expressões idiomáticas I. Título

06-4480   CDD-428

Índice para catálogo sistemático:
1. Animais : Idiomatismo : Língua inglesa : Língüística aplicada 428
2. Idiomatismo : Animais : Língua inglesa : Língüística aplicada 428

Todos os direitos reservados em nome de:
Bantim, Canato e Guazzelli Editora Ltda.

Rua Major Sertório, 771, cj. 1, Vila Buarque
01222-001, São Paulo, SP
Tel./Fax: (11) 3237-0070

Visite nosso site: www.disaleditora.com.br

VENDAS
Televendas: (11) 3226-3111
Fax gratuito: 0800 7707 105/106
E-mail para pedidos: comercialdisal@disal.com.br

Nenhuma parte desta publicação pode ser reproduzida, arquivada ou transmitida de nenhuma forma ou meio sem permissão expressa e por escrito da Editora.

MARTHA STEINBERG

ALL THE DOGS ARE BARKING

IN MEMORIAM

ADAMASTOR FELINI
(1990-2005)

SEMPER FIDELIS

LEALDADE DIGNIDADE TERNURA

Homens e bichos habitam o mesmo planeta, numa convivência nem sempre pacífica, por culpa do homem, que foi gradativamente invadindo o terreno das feras.

Quando essa convivência é pacífica, o bicho está a serviço do homem, como no caso do cavalo, dos bovinos em geral, dos cachorros, dos gatos, que já salvaram a humanidade, ou ainda dos chamados bichinhos de estimação. Estes também prestam serviços inestimáveis, confortando doentes e alegrando a vida de seus donos. Servem ainda de alimento e vestimenta. Caberia ainda lembrar os que servem de cobaias para experiências médicas, científicas, nem sempre respeitando o fato de que o animal é um ser vivente, com as mesmas necessidades e sensibilidades do chamado humano. Os bichos se matam entre si para sua sobrevivência e o homem mata todos, na maior parte das vezes por esporte.Mas este não é um livro em defesa de nossos irmãos chamados irracionais. Bem que eu gostaria de ter fôlego para fazê-lo. É apenas uma seleção de frases e expressões nas quais o bicho figura com sua característica principal, tal como vista pelo homem. Essa atribuição de qualidades humanas a certos animais é comum entre os povos.O pavão é visto como vaidoso, a raposa como esperta, o macaco como imitador, o cão como fiel, o gato como independente, o elefante como possuidor de grande memória, a cobra como traidora, a formiga e a abelha como trabalhadoras, e assim por diante. Eles estão presentes na prosa, na poesia, nos provérbios, nas frases feitas, na música, na escultura, na pintura, desde os tempos mais remotos. Os animais sempre povoaram o imaginário do homem, que até bichos fantásticos criou – dragão, unicórnio, grifo. O gato foi endeusado no Egito, o boi, adorado em Menfis, no Egito, para citar os que ocorrem de imediato na memória. No mundo moderno, as qualidades que lhes são atribuídas são utilizadas na publicidade: um tigre no seu carro, snail-mail, leão = imposto de renda. Editoras adoram nomes de animais: Penguin, Pelican. Automóveis são denominados com nomes de animais: Cougar, Impala, Mustang. Restaurantes fazem uso de sua imagem: O Gato que Ri; Boi na Brasa. Mulher sedutora é uma gata, homem irresistível é um gato; um cachorro é um ser desprezível, vil, uma cadela é uma mulher de costumes duvidosos. Uma cobra é uma pessoa traidora, um amigo urso é uma pessoa falsa. Essas considerações me levaram a verificar a presença dos bichos na fala inglesa, vendo de que modo eles enriqueceram os idiomatismos ingleses. Nesta seleção apresentam-se os bichos na fala coloquial inglesa, com o correspondente em português, bem como um exemplo ilustrativo de sua ocorrência, com a respectiva tradução.

A AUTORA

ALBATROSS • ALBATROZ

Ave de mau agouro. Em poema de Samuel Taylor Coleridge (1772-1834) – *The Rhyme of the Ancient Mariner* – um marinheiro mata um albatroz que supostamente trouxe má sorte para o navio. Ele então foi condenado a andar com a ave morta, pendurada por uma corda ao seu pescoço, para que jamais se esquecesse do mal causado.

- **To be an ALBATROSS around someone's neck.**
Ser/ter um peso nas costas.
  - **The growing inflation is an ALBATROSS around my neck, as far as investments are concerned.**
    A inflação é um peso nas minhas costas, no que concerne a investimentos.

ALLIGATOR • ALIGÁTOR

- **See you later, ALLIGATOR.**
É uma frase de despedida usada entre crianças ao se despedir.
A resposta é: In a while crocodile.

ANIMAL • ANIMAL

- **A political ANIMAL.**
Pessoa com a política no sangue.
  - **It runs in the family, they are all political ANIMALS.**
    É de família, está no sangue, são todos políticos.

A B C D E F G H I J K L M N O P Q R S T U V W X Y Z

ANT • FORMIGA
- **To white ANT someone**

Destruir alguém sub-repticiamente, minar por baixo
- ○ **The only way to get rid of the dictator was to white ANT him.**

   O único meio de se livrar do ditador foi destruí-lo sub-repticiamente.

   White ant é sinônimo de *termite* = cupim. Em inglês a mudança de categoria
   gramatical ocorre com freqüência, assim o substantivo aqui deu origem ao
   verbo, com significado de arruinar por dentro, por baixo, como fazem os cupins.

- **To have ANTS in one's pants.**

Ter fogo no rabo.
- ○ **He doesn't stop walking around for one moment,**
   seems to have ANTS in his pants.

   Ele não pára de andar um segundo, parece que tem fogo no rabo.

APE • MACACO
- **APE**

Pessoa grande e desajeitada, um gorila
- ○ **He is an APE, and children are afraid of him.**

   Ele é um gorila e as crianças têm medo dele.

- **Go APE (over).**

Perder o controle emocional, perder as estribeiras,
ficar louco da vida.
- ○ **When he got the bill for his car repairs, he went APE.**

   Quando ele recebeu a conta dos consertos do carro, ficou louco da vida.

ARK • ARCA (DE NOÉ)
- **Out of the ARK.**

Muito velho, de museu.
- ○ **Is that dress of yours out of the ARK?**

   Aquele vestido seu saiu do museu?

ASS • ASNO, BURRO

• If an **ASS** goes traveling, he will not come home a horse.
Se um asno sai viajando, não volta para casa um cavalo.

• **ASS**
Pessoa obstinada, burra, perversa
○ I had just met him and did not know he was such an **ASS**.
Eu tinha acabado de conhecê-lo e não sabia que ele era tão burro.

• To make an **ASS** of oneself.
Agir como um burro, fazer papel de burro.
○ Pretending to know more than I did, I made an **ASS** of myself.
Fingindo saber mais do que sabia, fiz papel de burro.

• A pompous **ASS**
Pessoa burra e convencida.
○ He never talks to anybody, he is just a pompous **ASS**.
Ele nunca fala com ninguém, é um burro e um tolo convencido.

• The **ASS** loaded with gold still eats thistles.
O asno carregado de ouro ainda come cardo.

• The **ASS** that brays most eats least.
O asno que mais zurra menos come.

BABOON • BABUÍNO, MANDRIL
É um outro tipo de macaco e também sugere imagem negativa.

- **A BABOON**
Pessoa abrutalhada, brutamontes, monstrengo
  - A BABOON entered the room without greeting anybody.
    O monstrengo entrou na sala sem cumprimentar ninguém.

BARK • LATIR, LATIDO
Tem também o sentido de ameaçar, falar zangado.

- **Someone's BARK is worse than his bite.**
Cão que ladra não morde.

- **Don't be afraid of Mary, her BARK is worse than her bite.**
Não tenha medo de Mary, cão que ladra não morde.

- **To BARK up the wrong tree**
Esforços ou pedido para pessoa errada, bater na porta errada
  - Asking for his help was BARKING up the wrong tree.
    Pedir a ajuda dele foi pedir para a pessoa errada.

- **To BARK at the moon**
Chorar para a lua
  - Stop BARKING at the moon, you know it is a lost cause.
    Pare de chorar para a lua, você sabe que é uma causa perdida.

- **All the dogs are BARKING.**

A notícia está sendo amplamente divulgada, todo mundo está falando.

- Of course I know about her success, all the dogs are BARKING.

  É claro que sei do sucesso dela, todo mundo está falando.

- **Why keep a dog and BARK oneself?**

Para que ter cachorro se você mesmo precisa latir?

- You have a maid, but do your washing and ironing, why then keep a dog and BARK yourself?

  Você tem uma empregada mas você mesma lava e passa. Para que ter cachorro se você mesma precisa latir?

BAT • MORCEGO

O morcego é cego e guia-se pelo eco, daí a expressão alusiva à sua cegueira

- **As blind as a BAT.**

Completamente cego.

- He suffered a terrible accident that left him as blind as a BAT.

  Ele sofreu um acidente terrível que o deixou completamente cego.

- An old BAT

Pejorativo. Mulher velha desprezível, vil

- The old BAT of the second floor is again doing her tricks.

  A velha vil do segundo andar está de novo aprontando das suas.

- **To have BATS in the belfry.**

Ser lelé da cuca.

- He is acting funny because he has BATS in the belfry.

  Ele está agindo esquisito, porque é lelé da cuca.

A B C D E F G H I J K L M N O P Q R S T U V W X Y Z

- **Like a BAT out of hell.**
Correndo para tirar o pai da forca.
○ **The driver took me to the station like a BAT out of hell.**
   O motorista me levou à estação como se fosse tirar o pai da forca.

BEAK • BICO
Como em português, *beak* tem também o sentido de nariz, bedelho.

- **To be a sticky BEAK**
Ser xereta, meter o nariz em tudo
○ **Her children are sticky BEAKS.**
   Os filhos dela são xeretas.

BEAR • URSO
Animal lembrado até em toponímia, como Berna na Suíça e Berlin na Alemanha. Muito peludo e com aspecto amigável, é brinquedo infantil, como Teddy bear, ou seja, ursinho de pelúcia

- **A BEAR of a (difficult, unpleasant) problem, dilemma, winter**
Um enorme problema, dilema, inverno
○ **He travelled and left me with a BEAR of a difficult problem, to pay all his bills.**
   Ele viajou e **me** deixou com um problema difícil, de pagar todas
   suas contas.

- **A BEAR garden**
Lugar sujo e barulhento
○ **It used to be a nice public square, but became a BEAR garden.**
   Costumava ser uma praça pública bonita, mas virou um lugar sujo
   e barulhento.

- **A BEAR hug**
Abraço forte e apertado

○ He was so glad to see me after so many years that he gave me a **BEAR** hug.
Ele ficou tão contente de me ver depois de tantos anos que me deu um abraço apertado.

• **A bear market**
Queda de preços de ações no mercado de valores
○ He profited a lot when he bought shares at the **BEAR** market.
Ele teve um bom lucro quando comprou ações durante a queda de preços no mercado de valores.

• **BEARS and bulls on the Stock Exchange**
Na Bolsa de Valores, *bear* é o especulador que vende suas ações em alta e espera o preço baixar. Já *bull* compra ações que ele espera que vão subir, para ele poder revender com lucro
○ The Stock Exchange is always busy with **BEAR** and bulls.
A Bolsa de Valores está sempre em um burburinho com os especuladores.

• **As hungry as a BEAR.**
Morto de fome, com fome de lobo.
○ He is an athlete and always as hungry as a **BEAR.**
Ele é um atleta e está sempre com fome de lobo.

• **Like a BEAR with a sore head.**
Irritadiço e de mau humor.
○ Don't go to see the boss now, he is like a **BEAR** with a sore head.
Não vá ver o chefe agora, ele está de mau humor e irritadiço.

BEAST • BESTA
• **If a beast goes to Rome, a BEAST returns.**
Se uma besta vai a Roma, volta uma besta.

A B C D E F G H I J K L M N O P Q R S T U V W X Y Z

- **A BEAST**

Pessoa abrutalhada de quem não gostamos, besta quadrada, rude, bruta

○ **John's new friend is a BEAST.**

O amigo novo de John é uma besta.

- **A BEAST of burden.**

Uma besta de carga.

○ **Stop assigning me more things to do, I am not a BEAST of burden.**

Pare de me mandar fazer mais coisas, não sou besta de carga.

- **In the nature of the BEAST**

Da natureza humana; inerente ao caráter do homem

○ **Of course he avoids hard work, it is in the nature of the BEAST.**

É claro que ele evita trabalho pesado, é da natureza humana.

BEAVER • CASTOR.

O castor é um animal perseverante e cheio de energia, daí as expressões relacionadas com muita atividade.

- **BEAVER**

Menino até oito anos de idade que é escoteirinho

○ **Her youngest boy is already a BEAVER.**

O filho mais novo dela já é escoteirinho.

- **An eager beaver**

Pessoa muito entusiasta mas chata

○ **Poor Mary is an eager beaver, and people avoid her.**

Coitada da Mary, ela é muito entusiasta, mas chata, e todo mundo a evita.

- **To beaver away**

Trabalhar com afinco em alguma coisa

○ Mary is beavering away in her effort to finish her job.

  Mary está trabalhando muito no seu esforço de terminar a tarefa.

- **To work like a BEAVER**

Trabalhar como um mouro, ser um pé de boi

○ She worked like a BEAVER to receive her guests.

  Ela trabalhou como uma moura para receber seus convidados.

BEE • ABELHA

As abelhas são conhecidas como obreiras árduas, sempre muito ocupadas e muito organizadas.

- **As busy as a BEE**

Muito ocupado

○ She is always as busy as a BEE and never goes out.

  Ela está sempre muito ocupada e nunca sai.

- **To have a BEE in one's bonnet**

Ser obcecado com alguma coisa

○ She has a BEE in her bonnet about living in Paris.

  Ela está obcecada com a idéia de morar em Paris.

- **To be a busy BEE**

Ser muito trabalhador, muito ocupado

○ He won't accept your invitation, because he is a busy BEE.

  Ele não vai aceitar seu convite porque é muito ocupado.

- **In a BEE line**

Em linha reta

○ It is a mile and a half, from here to my office, in a BEE line.

  É uma milha e meia daqui até meu escritório, em linha reta.

A B C D E F G H I J K L M N O P Q R S T U V W X Y Z

BEESWAX • CERA DE ABELHA
● **None of someone's BEESWAX**
Não ser da conta de
○ **It is none of your BEESWAX, if I stay or go.**
  Não é da sua conta se eu fico ou vou.

BESTIAL • ABRUTALHADO, BESTIAL, SEM INTELIGÊNCIA
● **His behavior proved him to be BESTIAL.**
O seu comportamento provou que ele é abrutalhado.

BIRD • PÁSSARO
● **A jailBIRD**
(ex-)prisioneiro
○ **No one wants to hire a jailBIRD.**
  Ninguém quer empregar um ex-prisioneiro.

● **A BIRD in hand is worth two in the bush.**
Mais vale um pássaro na mão que dois voando.
○ **I took the first offer, because a BIRD in hand is worth two in the bush.**
  Peguei a primeira oferta, porque mais vale um pássaro na mão...

● **It's the early BIRD that catches the worm.**
Deus ajuda quem cedo madruga.
○ **He starts his day early, because it is the early BIRD that catches the worm.**
  Ele começa o dia cedo, porque Deus ajuda quem cedo madruga.

● **A BIRD's eye view**
Uma visão panorâmica, como o pássaro a vê
○ **The photo he took was a BIRD's eye view of the mountains.**
  A foto que ele tirou era uma visão panorâmica das montanhas

- **To BIRD-dog**

Seguir uma pessoa, mantê-la sob vigilância

○ The detective is paid to BIRD-dog John.

   O detetive é pago para seguir John.

- **To kill two BIRDS with one stone**

Matar dois coelhos com uma cajadada só

○ I killed two BIRDS with one stone when I visited my professor and got the information I needed.

   Matei dois coelhos com uma cajadada só quando visitei meu professor e consegui a informação de que eu precisava.

- **BIRDS of a feather flock together**

Aves da mesma plumagem ficam juntas. Cada qual com seu igual, farinha do mesmo saco

○ No wonder all those young men live together. BIRDS of a feather flock together.

   Não é de espantar que aqueles jovens morem todos juntos. Cada qual com seu igual.

- **Strictly for the BIRDS**

Inaceitável, inacreditável, ruim

○ The decision to leave her behind was strictly for BIRDS.

   A decisão de deixá-la para trás foi inaceitável.

- **BIRD of peace**

Pomba da paz

○ Picasso's BIRD of peace is famous.

   A pomba da paz de Picasso é famosa.

- **To be a rare BIRD, *avis rara***

Ser ave rara. Usa-se também a forma latina em português

○ A gentleman like him is nowadays an *avis rara.*

   Um cavalheiro como ele, hoje em dia, é uma ave rara.

A B C D E F G H I J K L M N O P Q R S T U V W X Y Z

- **To have a BIRD brain**

Ter miolo de galinha

○ She is unable to take any decision, because she has a BIRD brain.

Ela é incapaz de tomar uma decisão, porque tem miolo de galinha.

- **To give someone the BIRD**

Vaiar com apupos e assobios

○ The audience did not like his performance, and he was given the BIRD.

O público não gostou do desempenho dele, e ele foi vaiado.

- **A little BIRD**

Um informante, um passarinho

○ I know it was you, because a little BIRD told me.

Sei que foi você porque um passarinho me contou.

- **To get the BIRD**

Ser despedido

○ Do this once more and you will get the BIRD.

Faça isso mais uma vez, e será despedido.

- **BIRD-witted**

Desajuizado, superficial, com juízo de galinha

○ He is a lovely boy, but BIRD-witted.

Ele é um menino adorável, mas com juízo de galinha.

- **The BIRD has flown**

A pessoa procurada não se encontra mais lá.

○ When the police got there the BIRD had flown.

Quando a polícia chegou, a pessoa procurada não estava mais lá.

- **Eat like a BIRD**

Comer pouco, como um passarinho

○ No wonder you are so skinny, you eat like a BIRD.

Não é de admirar que você seja tão magra, come como um passarinho!

BUG • QUALQUER INSETO PEQUENO RASTEJANTE

● A **BUG**
Um vírus
○ She caught a **BUG** and is in bed.
   Ela pegou um vírus e está de cama.

● **BUG**
Microfone oculto
○ The spy knew that his hotel room had a **BUG** (was bugged).
   O espião sabia que o seu quarto de hotel tinha um microfone oculto.

● A litter **BUG**
Pessoa que joga lixo na rua
○ There goes another litter **BUG**!
   Lá vai mais uma pessoa que joga lixo na rua.

● **BUG**-eyed
De olhos arregalados por falta de sono
○ She came to the office **BUG**-eyed and did not work properly.
   Ela veio para o escritório de olhos arregalados por falta de sono e não
   trabalhou adequadamente.

● **BUG** house
Hospital para doentes mentais, hospício
○ He had to be put in a **BUG** house.
   Ele teve que ser internado num hospício.

● As snug as a **BUG** in a rug
Confortável, aconchegante
○ It is so nice and warm here, I feel as snug as a **BUG** in a rug.
   Está tão quente e confortável aqui.

A B C D E F G H I J K L M N O P Q R S T U V W X Y Z

● **Get the bug**

Ser infectado com entusiasmo por alguma coisa

○ **She got the bug of traveling.**

Ela foi infectada com o gosto por viagens.

BULL ● TOURO

Animal que já foi endeusado em Menfis, no Egito antigo, com o nome de Apis.
Atualmente é escarnecido e torturado em touradas.

● **To be a BULL in a china shop.**

Elefante em loja de louça.

○ **He came in and bumped against every piece of furniture, like a BULL in a china shop.**

Ele entrou e bateu de encontro em todos os móveis, como um elefante em loja de louça.

● **BULLdog clip = elephant clip**

Prendedor de papel com molas, feito de metal

○ **A BULLdog clip helps you have your papers together.**

Um prendedor de papel ajuda a manter seus papéis juntos.

● **BULL-headed**

Cabeçudo, obstinado, agressivo

○ **Avoid the new neighbor, he is bull-headed.**

Evite o novo vizinho, ele é agressivo.

● **BULL necked**

De pescoço curto e grosso

○ **It is a family trait, they are all bull necked.**

É um traço de família, eles são todos de pescoço curto e grosso.

- **A cock and BULL story**

Uma história inverossímil, explicação inaceitável.

○ His excuses for not having paid his debts were a cock and bull story.

Suas desculpas por não ter pago a dívida foram inverossímeis.

- **To take the BULL by the horns**

Pegar o touro pelos chifres, enfrentar um problema corajosamente

○ John took the BULL by the horns, and told Mary he did not like her way of doing things.

John pegou o touro pelos chifres e disse a Mary que não gostava da maneira como ela fazia as coisas.

- **Like a rag to a BULL**

Motivo de raiva, irritação violenta

○ The sight of the hooligans misbehaving is like a red rag to a BULL.

Ver os arruaceiros comportando-se mal é motivo de grande irritação.

- **To hit the BULL's eye**

Bull's eye é a mosca do tiro ao alvo, portanto, significa acertar em cheio, na mosca.

○ John hit the BULL's eye making reservations well in advance.

John acertou em cheio fazendo as reservas com bastante antecedência.

- **To charge like a wounded BULL**

Cobrar os olhos da cara. O sentido de *charge* é investir e também cobrar, daí o trocadilho da expressão.

○ He has lovely items in his antique shop, but charges like a wounded BULL.

Ele tem peças lindas na sua loja de antiguidades, mas cobra os olhos da cara.

- **Shoot the BULL**

Ficar contando vantagem, lorotas, a seu próprio respeito

○ It was a long train trip, so they sat there shooting the BULL.

Era uma longa viagem de trem, então ficaram sentados contando vantagens.

A B C D E F G H I J K L M N O P Q R S T U V W X Y Z

● **BULLHEADED**

Obstinado

○ He is **BULLHEADED** and will continue doing it even if you tell him that it is useless.

Ele é obstinado e vai continuar fazendo isso mesmo que você lhe diga que é inútil.

● To be within a **BULL**'s roar of something

Estar a um passo de alguma coisa, muito perto

○ We were within a **BULL**'s roar of the accident, but did not see anything.

Estávamos a um passo do acidente, mas não vimos nada.

BUTTERFLY • BORBOLETA.

Símbolo de inconstância, especialmente da mulher

● To have **BUTTERFLIES** in the stomach.

Com um frio na barriga, nervoso.

○ I had **BUTTERFLIES** in my stomach, when I was called to the stage.

Fiquei com um frio na barriga quando me chamaram para o palco.

● To have a **BUTTERFLY** mind

Não se concentrar no assunto em pauta. O bater de asas da borboleta sugere instabilidade, de quem não se concentra em nada.

○ She could not remember I word that was said in the meeting, because she has a **BUTTERFLY** mind.

Ela não conseguia se lembrar de nenhuma palavra dita na reunião, porque não se concentra no assunto em pauta.

● **BUTTERFLY** stroke

Nado borboleta

○ The **BUTTERFLY** stroke is not very popular with girls.

O nado borboleta não é muito popular para as moças.

CALF • BEZERRO

● **CALF-love**
Amor de criança, de adolescente, paixonite juvenil
○ John adores his teacher, but it is just CALF-love.
  John adora sua professora, mas é só paixonite juvenil.

● **To kill the fatted CALF**
Receber com alegria e perdão o retorno de alguém. Alusão ao filho pródigo da Bíblia.
○ The family killed the fatted CALF, when the youngster returned home.
  A família o recebeu com alegria e perdão, quando o jovem voltou para casa.

● **Golden CALF – To worship the golden calf**
Adorar o dinheiro (o bezerro de ouro) acima de todas as coisas
○ He has no religion, he worships the golden calf.
  Ele não tem religião, ele adora o dinheiro acima de tudo.

CAMEL • CAMELO

É mencionado no Novo Testamento, no Evangelho de São Mateus, capítulo 19, versículo 24, passagem que diz que é mais fácil um camelo passar pelo buraco de uma agulha do que um rico entrar no céu

● **The straw that broke the CAMEL's neck**
A última gota
○ Her giving me again the once-over was the last straw.
  Ela me medir da cabeça aos pés de novo foi a última gota.

A B C D E F G H I J K L M N O P Q R S T U V W X Y Z

- **To swallow a CAMEL and strain at a gnat.**
Tolerar coisa grande e protestar contra pequena.
○ **They arrested the pickpocket, but let the bank robber go free, that is swallowing a CAMEL and straining at a gnat.**
   Eles prenderam o batedor de carteira, mas soltaram os assaltantes do banco, isto é, toleram roubos grandes e protestam contra pequenos.

CAT • GATO

Animal doméstico, mas não domesticado, pois mantém sua independência. Já foi endeusado no Egito, por ter livrado o país dos ratos que acabavam com os grãos alimentícios. Posteriormente perseguido durante a Inquisição, e por causa dela até hoje os gatos pretos são perseguidos por muitas pessoas. O poeta T. S. Eliot (1888-1965) tem uma coletânea de poemas jocosos sobre gatos – *Old Possum's Book of Practical Cats* — que deu origem ao musical *Cats*, que teve muito sucesso e está até hoje em cartaz na Broadway, depois de permanecer por muitos anos em Londres.

   Albert Schweitzer (1875-1965), filósofo, médico e musicólogo francês, assim se refere aos bichanos: *There are two means of refuge from the miseries of life: music and cats* (Há dois meios de refúgio das misérias da vida: música e gatos).

   O historiador francês Gérard Vincent narra o martírio desse felino e a ingratidão do homem, no seu livro Akhenaton , a História do Homem Contada por um Gato.

- **A CAT**
Homem charmoso, elegante, distinto
○ **Who is that CAT talking to the hostess?**
   Quem é o gato que está conversando com a anfitriã?

- **A CAT burglar**
Ladrão que entra pela janela
○ **You should close your windows, because in this area we have CAT burglars.**
   Você devia fechar suas janelas, porque nesta região os ladrões entram pela janela.

- A **catcall**

Assobio, grito, de vaia

○ The public did not like his performance, and all we could hear were **cat**calls.

O público não gostou do desempenho dele, e tudo que podíamos ouvir eram gritos de vaia.

- A **cat** and dog existence

Viver como gato e cachorro

○ They should get divorced instead of leading a **cat** and dog life.

Eles deviam se divorciar, em vez de levar uma vida de gato e cachorro.

- A **cat**-party

Reunião, festa, só de mulheres

○ We cannot invite you, John, it is a **cat**-party.

Não podemos convidá-lo John, é uma festa só de mulheres.

- **cat**'s eye

Espécie de crisoberilo (mineral); olho-de-gato (trânsito)

○ She had a ring made with the **cat**'s eye I gave her.

Ela mandou fazer um anel com o crisoberilo que lhe dei.

- **cat**'s eyes help you a lot when driving in the dark.

Olhos-de-gato ajudam muito quando se dirige no escuro.

- A copy **cat**

Pessoa que imita outra

○ Her dresses and hairdo are the same as Mary's, because she is a copy **cat**.

O vestido e penteado dela são como os de Mary, porque ela é uma imitadora.

- A fraidy-**cat**

Covarde, que se assusta à toa, medrosa (linguagem infantil)

○ She is a fraidy-**cat** and would not swim in the cold water.

Ela é medrosa e não quis nadar na água fria.

- **To be a CAT's paw**

Ser a pata do gato

○ They all want a raise, but want me to be the CAT's paw and go ask the boss.

Eles todos querem aumento, mas querem que eu seja a pata do gato indo pedir para o chefe.

- **A fat CAT**

Pessoa rica e influente, figurão

○ Who are the fat CATs that patronized this event?

Quem são os figurões que patrocinaram este evento?

- **Dead-CAT alley**

Ruela em área pobre de Nova York

○ The address she gave you is a dead-CAT alley.

O endereço que ela lhe deu é de uma ruela em área pobre de Nova York.

- **To be the CAT's pajamas**

Ser muito convencido

○ He is the CAT's pajamas, and thinks he can do as he wishes.

Ele é muito convencido e acha que pode fazer o que quiser.

- **To bell the CAT**

Dar a cara para bater

○ We all want to tell him that we are not happy with our working hours, but who is going to bell the CAT?

Nós todos queremos lhe dizer que não estamos satisfeitos com as horas de trabalho, mas quem vai dar a cara para bater?

- **To let the CAT out of the bag**

Dar com a língua nos dentes

○ One of them let the CAT out of the bag and the whole scheme was discovered.

Um deles deu com a língua nos dentes e o esquema todo foi descoberto.

- **Like the** CAT **that swallowed the cream**
Muito satisfeito consigo mesmo, satisfeito da vida. Gatos adoram creme de leite, daí a expressão.
○ After he got his inheritance he looks like the CAT that swallowed the cream.
  Depois que recebeu sua herança, ele anda muito satisfeito da vida.

- **Not a** CAT **in hell's chance**
Nenhuma, nem sombra de chance
○ He does not have a CAT in hell's chance to get the job.
  Ele não tem nenhuma chance de conseguir o emprego.

- **Put/set the** CAT **among the pigeons**
Promover briga, gerar desentendimento
○ If the manager does not pay their arrears, he will put the CAT among the pigeons.
  Se o gerente não pagar os atrasados, ele vai gerar um desentendimento.

- **To rain** CATS **and dogs**
Chover a cântaros. A imagem vem de chuvas torrenciais, que arrastavam animais nas enxurradas, especialmente animais domésticos.
○ I could not go out because it was raining CATS and dogs.
  Não pude sair porque estava chovendo a cântaros.

- **To see which way the** CAT **jumps**
Ver de que lado sopra o vento
○ I cannot give you an answer now. Let me first see which way the CAT jumps.
  Não posso lhe dar uma resposta agora, deixe-me primeiro ver de que lado sopra o vento.

- **When the** CAT **is away, the mice will play**
Quando o gato não está, os ratos brincam
○ The moment I left, my employees stopped working. When the CAT is away...
  No momento em que eu saí, meus empregados pararam de trabalhar. Quando o gato não está...

A B C D E F G H I J K L M N O P Q R S T U V W X Y Z

- **To throw a CAT among the pigeons**

Promover briga, desentendimento

○ Mary threw the **CAT** among the pigeons when when she mentioned the man's first wife.

Mary promoveu uma briga quando mencionou a primeira mulher do homem.

- **To kick the CAT**

Bater num inocente

○ He did not find out who stole his money, and kicked the **CAT**, blaming John.

Ele não descobriu quem roubou seu dinheiro e bateu num inocente, acusando John.

- **No room to swing a CAT**

Sem espaço para se mover.

Alusão a uma chibata de nove hastes (*A cat of nine tails*), semelhantes a um rabo de gato, usada para chicotear marinheiros, o que se fazia no deck, porque as cabines eram muito pequenas para movimentar a chibata.

○ It is a small house and the kitchen does not have room enough to swing a **CAT**.

É uma casa pequena e a cozinha não tem espaço para a gente se mover.

- **There is more than one way to skin a CAT**

Há mais de um modo de fazer as coisas

○ If you did not succeed, why don't you try another way of using the brush? There is more than one way to skin the **CAT**.

Se você não conseguiu, porque não tenta outro jeito de usar a escova? Há mais de um modo de fazer as coisas.

- **A game of CAT and mouse**

Um jogo de gato e rato

○ He was having fun at my expense, playing a game of **CAT** and mouse with me.

Ele estava se divertindo às minhas custas, brincando de gato e rato comigo.

- **A CAT may look at a king**

Não se dê ares de importância!

○ I was only admiring your tie. A CAT may look at a king!

Eu estava só admirando a sua gravata. Não se dê ares de importância.

- **A wild CAT**

Uma greve não oficial, à revelia do sindicato

○ A small group of people wanted a wild CAT, but it failed.

Um pequeno grupo queria uma greve à revelia do sindicato, mas o movimento falhou.

- **Care killed the CAT**

Tristezas não pagam dívidas

○ Try to have some fun. Care killed the CAT.

Tente se divertir um pouco; tristezas não pagam dívidas.

- **Enough to make a CAT laugh**

De morrer de rir

○ The jokes he told us were enough to make a CAT laugh.

As piadas que ele nos contou eram de morrer de rir.

- **Like a CAT on hot bricks / Like a CAT on a hot tin roof**

Extremamente agitado, nervoso, inquieto

○ He was pacing the corridor, like a CAT on a tin roof.

Ele estava marchando pelo corredor extremamente agitado.

- **To look like something the CAT brought in**

Desarrumado, despenteado

○ He came in during the storm like something the CAT brought in.

Ele entrou durante a tempestade todo desarrumado.

A B C **D** E F G H I J K L M N O P Q R S T U V W X Y Z

- **To fight like Kilkeny CATS**

Lutar até o fim

○ **They refuse to make peace and will fight like Kilkeny CATS.**

Eles se recusam a fazer as pazes e vão lutar até o fim.

- **To grin like a Cheshire CAT**

Rir à toa, sem motivo, de orelha a orelha.

Alusão ao gato que aparece em *Alice no País das Maravilhas*, história de Lewis Carroll.

○ **I did not understand why he was laughing like a Cheshire CAT.**

Não entendi porque ele estava rindo de orelha a orelha.

- **CAT got your tongue?**

O gato comeu a sua língua?

○ **Tell me little girl, why don't you say something? CAT got your tongue?**

Diga-me menininha, por que você não diz alguma coisa? O gato comeu sua língua?

CHAMELEON • CAMALEÃO

Tipo de lagarto que tem o poder a mudar sua cor

- **To be a CHAMELEON**

Ser um camaleão, mudar de opinião de acordo com as circunstâncias

○ **No matter which party wins, he will fit in, because he is a CHAMELEON.**

Não importa o partido que vencer, ele vai se encaixar, porque é um camaleão.

CHICK • PINTAINHO

- **A CHICK**

"Broto", mulher jovem atraente, namorada

○ Will you introduce me to that CHICK?

Você me apresenta àquele broto?

○ I saw your CHICK dating another man.

Vi sua namorada saindo com outro homem.

CHICKEN • FRANGO

● CHICKEN-hearted

De pouca coragem

○ He could never be a soldier, he is CHICKEN-hearted.

Ele nunca poderia ser um soldado, pois é de pouca coragem.

● CHICKEN colonel

Coronel do exército norte-americano(gíria)

○ Mary's father is a CHICKEN colonel.

O pai de Mary é coronel do Exército.

● CHICKEN pox

Catapora, varicela

○ Both CHILDREN caught chicken pox at the same time.

As duas crianças pegaram catapora ao mesmo tempo.

● CHICKENS come home to roost

Conseqüências do passado que vêm à tona

○ When you least expect, CHICKENS come home to roost.

Quando você menos espera o passado vem à tona.

● As tender as a CHICKEN

Muito macio, delicado, fofinho

○ The baby's cradle was as tender as a CHICKEN.

O berço do nenê era muito macio e delicado.

A B **C** D E F G H I J K L M N O P Q R S T U V W X Y Z

- **To count one's CHICKEN before they are hatched**

Contar com o ovo na galinha

○ **First wait and see if they pay you, and then spend your money. Do not count your CHICKENS before they are hatched.**

Primeiro espere para ver se eles vão lhe pagar e só depois gaste o dinheiro, não conte com o ovo na galinha.

- **To be CHICKEN feed**

Ser sem importância, de pouca monta, café-pequeno

○ **It is a big money, but to him it is just CHICKEN feed.**

É uma grande quantia de dinheiro, mas para ele é café-pequeno.

- **To go to bed with the CHICKENS**

Ir para a cama com as galinhas, ir dormir cedo

○ **They get up early because they go to bed with the CHICKENS.**

Eles se levantam cedo, porque vão para a cama com as galinhas.

- **CHICKEN livered**

Pouco corajoso, covarde, poltrão

○ **He would not join us in the searching party, because he is CHICKEN livered.**

Ele não quis participar conosco do grupo de busca, porque é um poltrão.

- **To CHICKEN out**

Retirar-se amedrontado, fugir com medo

○ **It was a risky outing, and I CHICKENed out.**

Era um passeio arriscado e eu me retirei amedrontada.

- **CHICKEN wallah**

Vendedor ambulante de bordados na Índia

○ **I bought this lovely embroidery from a CHICKEN wallah.**

Comprei este lindo bordado de um vendedor ambulante de bordados da Índia.

- **No spring CHICKEN**

Não muito jovem

○ She won't tell you her age, but she is no spring CHICKEN.

   Ela não diz a idade que tem, mas não é muito jovem.

- **To run around like a CHICKEN with its head cut off**

Correr como uma barata tonta

○ Get your tasks organized and stop running around like a CHICKEN with its head off.

   Organize suas tarefas e pare de correr como uma barata tonta.

CLAM • MEXILHÃO

(ou qualquer molusco bivalve)

- **To CLAM up**

Calar, fechar o bico, recusar-se a falar

○ The witness had seen everything, but CLAMMed up.

   A testemunha tinha visto tudo, mas recusou-se a falar.

- **As happy as a CLAM**

Feliz da vida

○ After the good news, she went away happy as a CLAM.

   Depois da boa notícia ela foi embora feliz da vida.

COCK • GALO

- **A cock and BULL story**

Uma explicação inverossímil e inaceitável

○ His explanation about the lost money was a cock and BULL story.

   Sua explicação sobre a perda do dinheiro foi inverossímil.

- **cockeyed**

"Burro"

○ He flunked again because he is cockeyed.

Ele foi reprovado de novo porque é burro.

- **cock crow**

Canto do galo

- **At cock crow**

De madrugada

○ In the country people get up at cock crow.

No campo as pessoas se levantam de madrugada.

- **cock-and-hen**

Unissex, para ambos os sexos

○ It is a cock-and-hen hairdresser.

É um cabeleireiro unissex.

- **cock-sparrow**

Pardal macho, pessoa belicosa

○ Being a cock-sparrow, she does not have many friends.

Sendo belicosa, ela não tem muitos amigos.

- **Fighting cocks**

Galos de briga

○ To live like fighting cocks.

Ser alimentado com o melhor, como os galos de briga.

○ She is a gourmet and likes to live like a fighting cock.

Ela é gourmet e gosta de comer muito bem.

COCKLE • AMÊIJOA

● **COCKLES of one's heart**
O íntimo, o fundo do coração
○ **To warm the COCKLES of someone's heart**
   Deixar alguém contente, satisfeito, confortável
○ **Her kind words warmed the COCKLES of my heart.**
   Suas palavras gentis me deixaram contente.

COCOON • CASULO

● **In a COCOON**
Num casulo, numa redoma, isolado, protegido
○ **She never goes out or sees people, because her family keeps her in a COCOON.**
   Ela nunca sai ou vê gente, porque a família a mantém numa redoma.

COOP • POLEIRO

● **To fly the COOP**
Crescer e tornar-se independente, abandonar o ninho
○ **She is alone now, all her children have flown the COOP.**
   Ela está sozinha agora, todos os filhos abandonaram o ninho.

COOT • GALEIRÃO

Ave aquática que tem uma região na testa sem penas, parecendo a careca de um homem

● **A COOT**
Pessoa tola, especialmente homem idoso

A B C **D** E F G H I J K L M N O P Q R S T U V W X Y Z

● **An old coot / As bald as a coot**
Careca como bola de bilhar
○ **He is very young, but already bald as a coot.**
  Ele é muito jovem, mas já careca como bola de bilhar.

COW ● VACA
Animal intocável, na Índia

● **A cash cow**
Produção que é fonte de dinheiro para pagar outras produções
○ **The last movie they launched is a cash cow and will enable them to launch another one.**
  O último filme que lançaram vai possibilitar o lançamento de um outro.

● **A sacred cow**
Uma instituição consagrada. Reporta-se à crença hindu de que a vacas são sagradas e inatacáveis.
○ **In some countries, monarchy is a sacred cow.**
  Em alguns países, a monarquia é uma instituição consagrada.

● **To argue till the cow comes home**
Discutir sem parar
○ **The meeting started early in the morning and I think it is going on till the cow comes home.**
  A reunião começou cedo e vai continuar por muito tempo.

● **Black cow / Root beer float**
Bebida feita de *root beer* e sorvete
○ **They ordered a black cow, but the restaurant did not have it.**
  Eles pediram um refresco de ervas, mas o restaurante não tinha.

- **A milch cow**

Alguém de quem é fácil obter dinheiro

○ They have taken you for a milch cow, because you never denied them anything.

Eles o tomam por alguém de quem é fácil obter dinheiro, porque você nunca lhes negou nada.

- **A cow doesn't miss her tail 'till fly times.**

A vaca não sente falta de seu rabo até as moscas chegarem.

COYOTE • COIOTE

No folclore ameríndio o coiote é um vigarista, impostor, representado como homem ou animal.

- **COYOTE**

Traficante de imigrantes ilegais na fronteira do México

○ He did not have money to pay the coyote, and had to stay behind.

Ele não tinha dinheiro para pagar o traficante e teve que ficar para trás.

CRAB • CARANGUEJO

Nome também de uma constelação e do signo de Câncer do Zodíaco

- **A crab**

Pessoa mal-humorada, rabugenta

○ I refuse to see that crab again.

Eu me recuso a ver aquele rabugento de novo.

- **To crab**

Queixar-se, achar defeitos

○ Nothing pleases her, she crabs about everything she sees.

Nada lhe agrada, ela põe defeito em tudo que vê.

A B C D E F G H I J K L M N O P Q R S T U V W X Y Z

● **To crab one's acts**
Atrapalhar os planos de alguém
○ **I am sure of my success, unless someone crabs my acts.**
  Estou certa do meu sucesso, a não ser que alguém atrapalhe meus planos.

● **To catch a crab**
Enforcar o remo, remar em falso
○ **He caught a crab and the boat moved to another direction.**
  Ele enforcou o remo e o barco mudou de direção.

CREST • CRISTA

● **crestfallen**
De crista caída, com o facho apagado
○ **When his fiancée left him, he came home crestfallen.**
  Quando sua noiva o deixou, ele voltou para casa de facho apagado.

CRICKET • GRILO

Inseto de sorte, entre chineses, que o mantêm em gaiola

● **As lively as a cricket**
Muito animado, jovial
○ **All the children were as lively as crickets.**
  Todas as crianças estavam muito animadas.

● **Not cricket**
Não ser correto
○ **It is not cricket to tell lies.**
  Não é correto contar mentiras.

CROCODILE • CROCODILO

Dizem que o crocodilo verte lágrimas de remorso enquanto devora suas vítimas. Na verdade, está se livrando de excesso de sal

● **To shed CROCODILE tears**
Derramar lágrimas de crocodilo
○ **She is shedding CROCODILE tears, she did not like him.**
  Ela está derramando lágrimas de crocodilo, ela não gostava dele.

● **A CROCODILE**
Fila de escolares dois a dois
○ **After the break the children went to class in a CROCODILE.**
  Depois do recreio as crianças foram para a aula numa fila de dois a dois.

● **In a while, CROCODILE**
É a resposta para a frase de despedida entre crianças: See you later, alligator.

CROW • CORVO

● **As the CROW flies**
Pelo caminho mais curto, numa reta
○ **It is one mile from here to the office, as the CROW flies.**
  É uma milha daqui até o escritório, pelo caminho mais curto.

● **To eat crow**
Aceitar derrota humilhante
○ **He was not prepared to compete with the famous athlete and had to eat CROW.**
  Ele não estava preparado para competir com o atleta famoso e teve de aceitar derrota humilhante.

A B C D E F G H I J K L M N O P Q R S T U V W X Y Z

- **To have a CROW to pick with someone**

Ter uma questão a decidir com alguém, ter contas a acertar com alguém

○ **I have to go see Mary, I have a crow to pick with her.**

Peciso ir ver Mary, tenho contas a acertar com ela.

- **Crow's feet**

Pés-de-galinha

○ **She is very young, but already has crow's feet.**

Ela é muito jovem, mas já tem pés-de-galinha.

CUCKOO • CUCO

É pássaro que põe ovos no ninho alheio

- **A CUCKOO in the nest**

Um estranho no ninho, um intruso

○ **They are very different from me, I feel like a CUCKOO in the nest among them.**

Eles são muito diferentes de mim, sinto-me um intruso no meio deles.

- **To live in the cloud CUCKOO land**

Ter expectativas irrealizáveis, viver no mundo da lua, da fantasia

○ **If he thinks that the president is going to appoint him for the position, he is living in the cloud CUCKOO land.**

Se ele pensa que o presidente vai indicá-lo para o cargo, ele está vivendo no mundo da lua.

DODO • DODÔ
Pássaro não voador extinto por volta de 1700

- **As dead as a DODO**

Extinto, fora de moda, já era
- That kind of party is as dead as DODO.

    Esse tipo de festa já era.

DOG • CACHORRO
Atualmente tido como o melhor amigo do homem, sua imagem em expressões tem, contudo, um caráter pejorativo ou negativo.

- **A lame DOG**

Pessoa que precisa de atenção, assistência, que está em dificuldade
- She likes to play the lame DOG to get help for everything.

    Ela posa de pessoa em dificuldade para obter ajuda para tudo.

- **A shaggy DOG story**

Anedota longa e com fim inesperado
- He is a master in telling shaggy DOG stories.

    Ele é um mestre em contar anedotas longas e de fim inesperado.

- **DOG's body**

Pessoa que faz trabalho rotineiro, mecânico
- He was given a DOG's body position, since he does not have any skills.

    Foi-lhe dado um trabalho rotineiro, uma vez que ele não tem nenhuma habilidade.

A B C **D** E F G H I J K L M N O P Q R S T U V W X Y Z

- Not a **DOG**'s change

Sem nenhuma esperança

○ There is not a **DOG**'s chance of our getting there before them.

  Não há nenhuma esperança de chegarmos lá antes deles.

- **DOG** collar

Termo coloquial para *clerical collar*, colarinho de vestes eclesiásticas

○ Nowadays many priests do not wear a **DOG** collar.

  Atualmente, muitos padres não usam o colarinho clerical.

- **DOG** days

Calor muito forte, dias de *canícula*, do latim *caniculares dies*.

De acordo com os romanos, as semanas mais quentes eram determinadas pelo aparecimento da estrela Sirius da constelação do Cão Maior

○ We do not feel like working in these **DOG** days.

  Não temos vontade de trabalhar nestes dias de canícula.

- **DOG** Latin

Latim incorreto

○ It was an old inscription and in **DOG** Latin.

  Era uma inscrição antiga e em latim incorreto.

- **DOG** leg

Curva ou ângulo acentuado

○ Drive carefully, there is a **DOG** curve ahead.

  Dirija com cuidado, há uma curva fechada logo mais.

- **DOG** paddle

Nado cachorrinho, nadar como cachorrinho

○ He can float and **DOG** paddle.

  Ele sabe boiar e nadar cachorrinho.

- **DOG-tired**

Morto de cansaço

○ Mountain climbing leaves me DOG-tired.

Escalar montanhas me deixa morto de cansaço.

- **DOGtown**

Cidade usada para estrear peça teatral como ensaio antes da Broadway.

○ I have seen many a good play in DOGtowns.

Já vi muitas peças boas fora da Broadway.

- **A DOG wagon**

Carrinho de cachorro-quente

○ They stopped at a DOG wagon to have a bite to eat.

Eles pararam num carrinho de cachorro-quente para comer alguma coisa.

- **Every man and his DOG**

Todo mundo

○ It was a big party and everyman and his DOG were there.

Foi uma festa grande e todo mundo estava lá.

- **Every DOG has his day**

Um dia a sorte chega

○ Don't get upset, every DOG has his day.

Não se aflija, um dia a sorte chega.

- **A sly DOG**

Astuto, espertalhão, disfarçado

○ He always gets what he wants, for he is a sly DOG.

Ele sempre consegue o que quer, porque é um espertalhão.

- **A DOG and pony show**

Show elaborado para impressionar

○ The government put a DOG and pony show in the small town.

O governo montou um show para impressionar, na cidadezinha.

A B C **D** E F G H I J K L M N O P Q R S T U V W X Y Z

- **A watch-DOG**
Cão de guarda
○ Living in a villa you need a watch-**DOG**.
  Morando numa casa grande isolada, você precisa de um cão de guarda.

- **Any stick to beat a DOG**
Qualquer desculpa serve para atingir um objetivo
○ Any stick to beat a **DOG** will do as long as I can fire her.
  Qualquer desculpa serve, contanto que eu possa demiti-la.

- **Love me, love my DOG**
Quem gosta de mim, gosta dos meus amigos
○ They are my friends. Love me, love my **DOG**.
  Eles são meus amigos, e quem gosta de mim gosta dos meus amigos.

- **One cannot teach an old DOG new tricks**
Papagaio velho não aprende a falar
○ I'd love to pilot an airplane, but you cannot teach an old **DOG** new tricks.
  Eu adoraria pilotar um avião, mas papagaio velho não aprende a falar.

- **A DOG in the manger**
Um desmancha-prazeres, invejoso. Alusão ao cão deitado na manjedoura ou no feno, impedindo o gado de se alimentar
○ The party was a success until John came in. He was a **DOG** in the manger.
  A festa estava um sucesso até John entrar. Ele foi um desmancha-prazeres.

- **A DOG's breakfast**
Alguma coisa muito mal feita ou desarrumada, uma bagunça
○ The children left the room looking like a **DOG**'s breakfast.
  As crianças deixaram o quarto uma bagunça.

- A **DOG**'s age

Um tempão, muito tempo

○ I have not seen him in a **DOG**'s age.

Não o vejo faz um tempão.

- An old **DOG** at something

Um perito em alguma coisa, um ás, um craque

○ John is an old **DOG** at fixing cars.

John é um craque em consertar carros.

- **DOG** does not eat **DOG**

Lobo não come lobo

○ No use complaining of your doctor to another doctor. **DOG** does not eat **DOG**.

Não adianta se queixar do seu médico para outro médico. Lobo não come lobo.

- To be in the **DOG**'s house

Estar na pior (em relação ao cônjuge)

○ He has been in the **DOG** house since a pretty girl called him and his wife answered.

Ele está numa pior desde que uma moça muito bonita lhe telefonou e sua esposa atendeu.

- To give a **DOG** a bad name

Caluniar uma pessoa

○ To give a **DOG** a bad name is what she does best.

Caluniar as pessoas é o que ela faz melhor.

- To go to the **DOGS**

Ficar arruinado

○ If you keep spending your money without restraint, you will soon go to the **DOGS**.

Se você continuar gastando seu dinheiro sem limites, ficará logo arruinado.

A B C **D** E F G H I J K L M N O P Q R S T U V W X Y Z

- **To go and feed a DOG**

Ir ao toalete

○ **Mary cannot talk to you now, she has gone to feed a DOG.**

Mary não pode falar com você agora, ela foi ao toalete.

- **To let sleeping DOGS lie**

Não acorde o leão que está dormindo

○ **He became restless when you mentioned his illness. You should have let sleeping DOGS lie.**

Ele ficou inquieto quando você mencionou sua doença. Você não devia ter acordado o leão que está dormindo.

- **Two men and a DOG**

Alguns gatos pingados, pouquíssimas pessoas

○ **We got there very early and saw only two men and a DOG.**

Chegamos lá muito cedo e só vimos uns gatos pingados.

- **To be a gay DOG**

Levar a vida na flauta, ostentando muito dinheiro

○ **He is a gay DOG and never thinks of his future.**

Ele leva a vida na flauta e nunca pensa no futuro.

- **To rain cats and DOGS**

Chover a cântaros

Refere-se ao fato de antigamente as enxurradas ficarem cheias de animais domésticos pequenos, em dias de muita chuva.

○ **I could not go out yesterday because it was raining cats and DOGS.**

Não pude sair ontem porque estava chovendo a cântaros.

- **To have a hair of the DOG that hit one**

Beber mais na tentativa de curar a bebedeira

○ **He believes in having a hair of the DOG that hit one.**

Ele acredita em beber mais na tentativa de curar a bebedeira.

- **To put on the DOG**

Botar panca, fazer pose

○ He does not have a single penny to his name, but likes to put on the DOG.

Ele não tem um tostão no seu nome, mas gosta de botar panca.

- **To call off the DOG**

Abandonar uma auditoria ou inquérito; parar de perseguir uma pessoa

The search for the clues was leading them nowhere, so they called off the DOG.

A procura pelas pistas não estava levando a lugar nenhum, então eles a abandonaram.

○ I wish you would call off the DOGs, and leave me alone.

Gostaria que você parasse de me perseguir e me deixasse em paz.

- **Why keep a DOG and bark oneself?**

Para que ter cachorro se você mesmo precisa latir?

○ She has a maid, but does all the washing and ironing. Why then keep a maid if she barks herself?

Ela tem empregada mas lava e passa tudo. Para que, então, ter cachorro se ela mesma precisa latir?

- **Like a DOG's breakfast/dinner**

Na maior confusão, desordem

○ The old man lived alone and his room was a DOG's dinner.

O velho morava sozinho e seu quarto era a maior desordem.

- **To help a lame DOG over a stile**

Ajudar alguém a livrar-se de um aperto

○ If you give him some money to buy medicine, you'll be helping a lame DOG.

Se você lhe der dinheiro para comprar remédios você o estará ajudando a se livrar de um aperto.

A B C D E F G H I J K L M N O P Q R S T U V W X Y Z

- **To throw something to the DOGs**

Jogar fora, desperdiçar

○ Keep throwing money to the DOGs and soon you will be needing it.

　Continue desperdiçando dinheiro e logo você vai precisar dele.

- **UnderDOG**

Pobre-diabo; vítima da injustiça social

○ He lost all he had and is now and underDOG.

　Ele perdeu tudo o que tinha e é agora um pobre-diabo.

- **DOG-eared**

[livro] com as páginas dobradas, com orelhas de burro

○ I knew she was reading the book, because it was DOG-eared.

　Eu sabia que ela estava lendo o livro, pois ele estava com as páginas dobradas.

- **DOG's nose**

Bebida alcoólica que é mistura de cerveja e gin

○ A DOG's nose is not my favorite drink.

　Gin e cerveja não é minha bebida favorita.

- **DOGGY bag**

Embalagem para levar para casa sobras de refeição em restaurante

○ It was too much food for me, so I asked for a DOGGY bag.

　Era muita comida para mim, de modo que pedi uma embalagem para levar para casa.

- **Spotted DOG**

Tipo de pudim em formato de rolo com passas que podem ser vistas e lembra o corpo de um cão dálmata.

○ The spotted DOG she served was delicious.

　O pudim de passas que ela serviu estava delicioso.

DONKEY • ASNO, BURRO

● **To talk the hind legs off a DONKEY**
Falar pelos cotovelos, como uma matraca
○ **Mary could be a lovely girl if she did not talk the hind legs off a DONKEY.**
   Mary podia ser uma moça adorável, se não falasse feito uma matraca.

● **For DONKEY's years**
Por muito tempo.
Trocadilho com *donkey's ears* – orelhas de asno –, que são muito longas.
○ **I do not intend to go there again for DONKEY years.**
   Não pretendo ir para lá de novo por muito tempo.

● **DONKEY jacket**
Jaqueta curta e espessa usada por trabalhadores
○ **The temperature is going to drop, you better wear your DONKEY jacket.**
   A temperatura vai cair, é melhor você usar sua jaqueta.

● **DONKEY work**
Trabalho maçante, rotineiro
○ **A housewife's work is DONKEY work.**
   O trabalho de uma dona de casa é maçante.

● **As obstinate as a DONKEY**
Teimoso como uma mula
○ **He won't listen to reason, he is as obstinate as a DONKEY.**
   Ele não quer ouvir a voz da razão, é teimoso como uma mula.

● **Send a DONKEY to Paris, he'll return no wiser than he went.**
Mande um burro para Paris e ele não retornará mais sábio.

DRAGON • DRAGÃO

Animal imaginário

● A DRAGON

Mulher agressiva que causa problema; pessoa combativa

○ No one likes her, she is a DRAGON.

Ninguém gosta dela, é agressiva e causa problema.

● A DRAGON lady

Mulher glamorosa, que exerce poder corrupto

○ It is his wife that is responsible for all the corruption. She is a DRAGON lady.

É a mulher dele que é responsável pela corrupção toda. Ela é corrupta.

● To chase the DRAGON

Tomar heroína. Os dragões são representados soltando fogo e fumaça.

○ Mary caught her son chasing the DRAGON.

Mary pegou o filho tomando heroína.

● DRAGON's teeth

Obstáculos em forma de dentes contra tanques e carros blindados

○ The tank could not move ahead because of the DRAGON's teeth on the road.

O tanque não pode prosseguir por causa dos obstáculos em forma de dentes.

DUCK • PATO

● DUCK

Tecido semelhante ao brim

○ His new pants are of DUCK.

Suas calças novas são de tecido semelhante ao brim.

- **A lame DUCK**

Pessoa deficiente ou incapaz

○ He likes to play the lame DUCK, to get your sympathy.

Ele gosta de bancar o deficiente para obter sua compaixão.

- **To be a sitting DUCK**

Ser facilmente atacado, vulnerável

○ Politicians are sitting DUCKs.

Políticos são vulneráveis a ataques.

- **To be like water off a DUCK's back**

Crítica ou conselho totalmente rejeitado; não causar efeito; não atingir

○ His criticism to my work was like water off a DUCK's back.

Sua crítica ao meu trabalho não me atingiu.

- **To get one's DUCKs in a row**

Pôr as coisas em ordem, deixar alguma coisa pronta

○ First get your DUCKs in row, and then we can talk business.

Primeiro ponha suas coisas em ordem e daí podemos falar de negócios.

- **In two shakes of a DUCK's tail**

Num piscar de olhos

○ When the bell rang, the children left school in two shakes of a DUCK's tail.

Quando o sinal tocou, as crianças deixaram a escola num piscar de olhos.

- **To play DUCKs and drakes**

Gastar dinheiro de maneira irresponsável.

Alusão ao jogo de atirar seixos sobre superfície de lago e contar quantas vezes a pedra saltita na superfície antes de afundar.

○ If you keep playing DUCKs and drakes with your money, you'll soon be penniless.

Se você continuar gastando seu dinheiro de maneira irresponsável, logo ficará sem um vintém.

A B C D E F G H I J K L M N O P Q R S T U V W X Y Z

- **To duck out**

Dar o fora, escapar, safar-se

I ducked out as soon as I heard they were planning something bad.

Dei o fora assim que os ouvi planejar algo ruim.

- **Like a dying duck in a thunderstorm**

Espantado, com os olhos arregalados

She did not expect to see me there and was like a dying duck in a thunderstorm.

Ela não esperava me ver lá e ficou de olhos arregalados.

- **To take to something like a duck to water**

Adaptar-se/gostar muito depressa, como um peixe na água.

I took to my new position like a duck to water.

Adaptei-me ao meu novo cargo muito depressa.

- **Duck soup**

Coisa fácil, canja

Solving that mathematical problem was duck soup to him.

Resolver aquele problema de matemática foi canja para ele.

- **Ducky**

Queridinho, benzinho

Wait for me, ducky.

Espere por mim, benzinho.

EAGLE • ÁGUIA

• **EAGLE** day
Dia de pagamento
(O papel moeda norte-americano tem uma águia estampada)
○ We all go out for a beer on **EAGLE** day.
   Nós todos saímos para uma cerveja no dia do pagamento.

• To have an **EAGLE** eye
Ser capaz de perceber mínimos erros imediatamente; não deixar escapar nada. Ter olhos de lince.
○ My revisor has an **EAGLE** eye.
   Meu revisor é capaz de perceber os mínimos erros imediatamente.

EGG • OVO

• Put/have all **EGGS** in one basket
Pôr todo o dinheiro num só investimento
○ It is not wise to have all your **EGGS** in one basket.
   Não é prudente ter todo seu dinheiro num só investimento.

• To teach your grandmother to suck **EGGS**
Ensinar o padre-nosso ao vigário
○ Don't tell me how to cook beans. It is teaching your grandmother to suck **EGGS**.
   Não me diga como cozinhar feijão. É ensinar o padre-nosso ao vigário.

A B C D **E** F G H I J K L M N O P Q R S T U V W X Y Z

- **A bad EGG**

Velhaco, mau caráter

○ Mary knows the man and says that he is a bad EGG.

Mary conhece o homem e diz que ele é um velhaco.

- **To lay an EGG**

Fazer piada ou desempenho sem sucesso

○ He wanted to entertain his guests, but laid an EGG.

Ele quis entreter seus convidados, mas sua piada não teve sucesso.

- **EGG beater**

Helicóptero

○ He arrived by EGG beater.

Ele chegou de helicóptero.

- **EGGhead**

Intelectual

○ The way he talked told us he was an EGGhead.

A maneira de ele falar deixa a entender que ele é um intelectual.

- **To walk on EGGS**

Pisar em ovos

○ I was walking on EGGS when I was introduced to the president.

Eu estava pisando em ovos quando fui apresentada ao presidente.

- **To have EGGS on the spit**

Estar muito ocupado

○ I can never see John, he is having EGGS on spit.

Nunca posso ver John, ele está ocupadíssimo.

- **As sure as EGGS are EGGS**

Certo como dois e dois são quatro

○ He is going to be elected as sure as EGGS are EGGS.

Ele vai ser eleito, isso é certo como dois e dois são quatro.

- **To have EGG on one's face**

Envergonhado com o resultado de sua burrice

○ He had EGG on his face, for he was not able to answer not even one of the questions.

Ele estava envergonhado com a sua burrice, pois não foi capaz de responder a nenhuma das perguntas.

- **To be a curate's EGG**

Ser bom somente em partes

○ The new rule is a curate's EGG.

A nova regra é boa só em partes.

ELEPHANT • ELEFANTE

Animal de superstições, que traz sorte para a casa que tem uma estatueta dele com as costas voltadas para a porta de entrada

- **A rogue ELEPHANT**

Pessoa de mau gênio e comportamento indisciplinado.

Alusão a um elefante que abandona o seu grupo e corre como um doido causando estragos.

○ No one likes him, he is a rogue ELEPHANT.

Ninguém gosta dele. Tem mau gênio e comportamento indisciplinado.

- **A white ELEPHANT**

Luxo caro e inútil

○ The earrings she gave me is a white ELEPHANT. I do not have pierced ears.

Os brincos que ela me deu são um luxo inútil, não tenho orelhas furadas

- **One looks for ELEPHANTs in elephant country**

É preciso procurar no lugar certo

○ You will never find any mushrooms here. You must look for ELEPHANTs in elephant country.

Você nunca vai encontrar cogumelos aqui. É preciso procurar no lugar certo.

- **Memory of an ELEPHANT**

Memória de elefante

○ She can remember things that happened many years ago, for she has the memory of an ELEPHANT.

Ela se lembra de fatos passados há muitos anos, pois tem memória de elefante.

- **To see pink ELEPHANTS**

Estar com *delirium tremens*

○ He has been drinking so much that now he sees pink ELEPHANTS.

Ele tem bebido tanto que agora está com *delirium tremens*.

- **ELEPHANTine**

Pesado e desajeitado

○ He became so fat, that he is now ELEPHANTine.

Ele ficou tão gordo que é agora pesado e desajeitado.

FEATHER • PENA DE AVE

- **FEATHER boa**
boá
○ She wrapped her shoulders in an ostrich boa.
Ela enlaçou seus ombros numa boá de avestruz.

- **To make FEATHERS fly**
Promover briga, desentendimento
○ When she mentioned their lack of interest in the job, she made FEATHERS fly.
Quando ela mencionou a falta de interesse deles no trabalho ela promoveu uma briga.

- **To ruffle someone's FEATHERS**
Irritar alguém
○ Her lack of good manners ruffles my FEATHERS.
Sua falta de bons modos me irrita.

- **To show the white FEATHER**
Mostrar covardia
○ He showed the white FEATHER and did not join the rescue party.
Ele mostrou-se covarde e não se juntou ao grupo de resgate.

- **A FEATHER in one's hat**
Motivo de orgulho
○ Her daughter's accomplishments are a FEATHER in her hat.
Os feitos de sua filha são motivo de orgulho para ela.

ABCDE**F**GHIJKLMNOPQRSTUVWXYZ

- **In full FEATHER**

Vestido com apuro; endinheirado; completamente equipado

○ He showed up for the party in full FEATHER.

Ele apareceu para a festa vestido com apuro.

- **In high/fine/good FEATHER**

Bem-disposto, alegre, radiante

○ It is a pleasure to be with John, he is always in high FEATHER.

É um prazer estar com John, ele está sempre bem-disposto.

- **To crop someone's FEATHER**

Humilhar alguém; cortar a crista de alguém

○ John's pleasure is always to crop someone's FEATHER.

O prazer de John é sempre humilhar alguém.

- **To FEATHER one's nest**

Providenciar pelo conforto e bem-estar próprio

○ He is FEATHERing his nest with what he can steal in his job.

Ele está providenciando pelo seu conforto com o que rouba no emprego.

- **FEATHER bedding**

Empregar pessoas desnecessárias, para combater o desemprego

○ His firm decided to do some FEATHER bedding to help the unemployed.

A firma dele decidiu empregar algumas pessoas desnecessárias, só para ajudar os desempregados.

FERRET • DONINHA

- **To FERRET out**

Deslindar, pôr às claras

○ They finally FERRETed out the motive for the crime.

Eles finalmente deslindaram o motivo do crime.

FISH • PEIXE

Também o signo do Zodíaco

● **A queer FISH**

Pessoa excêntrica, esquisita

○ **No one knows him well, he is such a queer FISH.**

Ninguém o conhece bem, ele é tão esquisito.

● **An ocean full of FISH**

Um mar de oportunidades

○ **Don't despair because of this lost opportunity. There is an ocean full of FISH**

Não se desespere pela perda desta oportunidade. Há um mar de oportunidades.

● **Neither FISH, flesh nor good red herring**

Nem uma coisa nem outra

○ **I could not understand what the article meant; it was neither FISH, flesh nor good red herring.**

Não consegui entender o artigo, não dizia uma coisa nem outra.

● **To be a cold FISH**

Pessoa sem emoções, fria, insensível

○ **He will not answer to your plea, he is a cold FISH.**

Ele não vai responder aos seu apelo, ele é insensível.

● **To be a fine kettle of FISH**

Uma terrível confusão, embrulhada

○ **What a fine kettle of FISH! The cat spilt the milk I was going to serve for breakfast.**

Que embrulhada! O gato derramou o leite que eu ia servir no café-da-manhã.

ABCDEFGHIJKLMNOPQRSTUVWXYZ

- **To be a FISH out of water**

Ser um peixe fora da água

○ I did not know anybody there and I felt a FISH out of water.

Eu não conhecia ninguém lá e me senti um peixe fora da água.

- **To FISH in troubled waters**

Pescar em águas turvas; aproveitar-se de uma situação

○ During the dry law he FISHed in troubled waters, selling whiskey.

Durante a Lei seca, ele aproveitou-se da situação vendendo uísque.

- **To be FISHy**

Ser suspeito

○ There is something FISHy in this business.

Há algo suspeito neste negócio.

- **To be a big FISH in a little pond**

Ser peixe grande em lago pequeno

○ He became mayor in a small town, so he is now a big FISH in a small pond.

Ele se tornou prefeito numa cidade pequena de modo que é agora um peixe grande em lago pequeno.

- **To drink like a FISH**

Beber como uma esponja, como um peixe

○ He starts the day drinking like a FISH.

Ele começa o dia bebendo como uma esponja.

- **To feed the FISHes**

Tomar um pileque, beber muito

○ It is to early in the morning to feed the FISHes.

É muito cedo ainda para tomar um pileque

- **To FISH for compliments**

Receber elogios

○ She said her hair looked awful, but she was just FISHing for compliments.

Ela disse que seu penteado estava horrível, mas ela só estava provocando elogios.

- **To FISH/cut bait**

Parar de falar que vai fazer e começar a agir, mostrar resultado

○ I think it is about time for you to FISH bait. I want to see some work being one.

Acho que está na hora de você parar de falar sobre o trabalho. Quero ver algum resultado.

- **To have other FISH to fry**

Ter outras coisas para fazer

○ I could not go to his party, I had other FISH to fry.

Não pude ir à festa dele, eu tinha outras coisas para fazer.

- **Neither FISH nor fowl**

Nem uma coisa nem outra, não se saber o que é

○ She showed me her last painting, but to me it was neither FISH nor fowl.

Ela me mostrou seu último quadro, mas não consegui entender o que era.

- **There are plenty more FISH in the sea**

O mar está cheio de peixes, atrás de um ônibus vem outro

○ Don't cry because John gave you the walking papers, there are plenty more FISH in the sea.

Não chore porque John lhe deu o fora, o mar está cheio de peixes.

- **FISHing expedition**

Inquérito que tenta descobrir informação secreta

○ They could not find out anything in the files, so they organized a FISHing expedition.

Eles não conseguiram descobrir nada nos arquivos e então organizaram um inquérito para tentar descobrir a informação secreta.

FLEA • PULGA

● A **FLEA**bag
Um pulgueiro; mulher suja e desalinhada
○ That hotel is a **FLEA**bag, I refuse to stay there.
　Aquele hotel é um pulgueiro, recuso-me a ficar lá.
○ No one knows who that **FLEA**bag is.
　Ninguém sabe quem é aquela mulher suja e desalinhada.

● To send someone away with a **FLEA** in his ear
Deixar alguém com uma pulga atrás da orelha
○ I did not tell him everything, I sent him away with a **FLEA** in his ear.
　Não lhe contei tudo, deixei-o com uma pulga atrás da orelha.

FLOCK • REBANHO; REBANHO RELIGIOSO

● Father John's death was lamented by his **FLOCK**.
A morte do padre John foi lamentada pelo seu rebanho religioso.

FLY • MOSCA

● Love to be a **FLY** on the wall
Gostaria de ser uma mosca para ouvir o que estão dizendo
○ They are deciding who is going to get the prize. I would like to be a **FLY** on the wall.
　Eles estão decidindo quem vai receber o prêmio. Eu gostaria de ser uma mosca para ouvir o que estão dizendo.

● A **FLY** in the ointment
Um defeito, algo que estraga
○ The **FLY** in the ointment is that we have to be back before midnight.
　O que estraga é que temos que estar de volta antes da meia-noite.

- **Someone can't hurt a FLY**

Incapaz de fazer mal a uma mosca

○ **I do not believe he hurt the child, he cannot hurt a FLY.**

  Não acredito que ele machucou a criança, ele não faria mal a uma mosca.

- **There are no FLIES on someone**

Pessoa alerta

○ **He could be a good guard, there are no FLIES on him.**

  Ele poderia ser um bom guarda, é muito alerta.

FOWL • GALINÁCEO

- **Neither FISH nor fowl**

Nem uma coisa nem outra.

O mesmo que: *Neither fish, flesh or good red herring*

FOX • RAPOSA

Na Bíblia, imagem de falso profeta

- **A FOXhole**

Espaço pequeno demais para uma pessoa; trincheira individual em campo de batalha

○ **How can you live in this FOXhole?**

  Como você consegue morar num lugar tão pequeno?

- **FOX sleep**

Sono simulado, fingir que dorme

○ **It was a FOX sleep and he heard all we said.**

  Fingiu que dormia e ouviu tudo que dissemos.

A B C D E **F** G H I J K L M N O P Q R S T U V W X Y Z

- **As smart as a FOX**

Esperto como uma raposa, um raposão

○ **John looks so sweet, but he is as smart as a FOX.**

John parece muito dócil, mas é um raposão.

- **To FOX**

confundir; muito difícil de entender; enganar com truques inteligentes

○ **John tried to FOX me with tall tales, but I did not believe him.**

John tentou me confundir com lorotas mas não acreditei nele.

- **To shoot someone else's FOX**

Destruir/acabar com inimigo de outra pessoa

○ **With his actions he destroyed my enemy, he shot my FOX.**

Com suas palavras ele acabou com o meu inimigo.

- **FOX trot**

Andadura de cavalo na transição do passo ordinário para o trote; tipo de dança

○ **The FOX trot was very popular in the twenties.**

O fox trote foi muito popular na década de 1920.

- **FOXfire**

Fogo fátuo

○ **The lights that you see over there are just FOXfire.**

As luzes que você vê ali são apenas fogo fátuo.

- **FOX terrier**

Raça inglesa de cães

○ **FOX terriers make good pets.**

Fox terriers são bons animais de estimação.

FROG • RÃ

Apelido pejorativo dos franceses

● **To have a FROG in one's throat**
Estar rouco
○ **He could not teach because he had a FROG in his throat.**
  Ele não pôde dar aula porque estava rouco.

● **To leap FROG something**
Ultrapassar para depois ser ultrapassado
○ **In this game you leap FROG from play mates.**
  Neste tipo de brincadeira você ultrapassa seus companheiros para depois ser ultrapassado.

● **BullFROG**
Rã-gigante
○ **A bullFROG knows more about the weather than the almanac.**
  Uma rã-gigante sabe mais sobre o clima do que o almanaque.

FUR • PÊLO

● **To make the FUR fly**
Criar um distúrbio
○ **Inviting his ex-wife for the party made the FUR fly.**
  Convidando sua ex-mulher para a festa criou um distúrbio.

g

ABCDEF**G**HIJKLMNOPQRSTUVWXYZ

GANDER • GANSO MACHO

● **What is sauce for the goose is sauce for the GANDER**
Argumentos que servem para um caso servem também para outro.
○ **I have the same rights as you do. What is sauce for the goose is sauce for the GANDER.**
  Tenho os mesmos direitos que você. O que serve para você serve também para mim.

● **GANDER party**
Reunião/festa só de homem
○ **Of course Mary was not invited, it was a GANDER party!**
  Claro que Mary não foi convidada, era uma festa só de homens.

GILLS • GUELRAS

● **Blue/grey/pale around the GILLS**
Pálido, verde, com cara de doente
○ **He was blue around the GILLS, from fear of being discovered.**
  Ele estava verde de medo de ser descoberto.

● **Stewed to the GILLS**
Completamente bêbado
○ **He was unable to walk because he was stewed to the GILLS.**
  Ele não conseguia andar, porque estava completamente bêbado.

GNAT • MOSQUITO

● **To strain at a GNAT**
Implicar com ninharias
○ **You waste your time straining at GNATS.**
   Você perde seus tempo implicando com ninharias.

GOAT • BODE

● **Old GOAT**
Velho encrenqueiro, espírito de porco
○ **Her grandfather is an old GOAT.**
   O avô dela é um velho encrenqueiro.

● **A scape GOAT**
Um bode expiatório.
Reporta-se ao bode que escapou, depois que os pecados do sumo sacerdote e do povo foram para ele transferidos
○ **They are all blaming John again, because he has become their scape GOAT.**
   Estão todos culpando John de novo, porque ele se tornou o bode expiatório deles.

● **To get someone's GOAT**
Deixar uma pessoa zangada, irritar alguém
○ **If he calls, tell him I am not in. He gets my GOAT.**
   Se ele ligar diga que não estou, ele me irrita.

● **To play the giddy GOAT**
Bancar o bobo
○ **He plays the giddy GOAT just to call your attention.**
   Ele banca o bobo só para chamar a atenção.

A B C D E F **G** H I J K L M N O P Q R S T U V W X Y Z

● **To separate the sheep from the GOATS**
Separar as pessoas em grupos
Will you help me to separate the sheep from the GOATS?
   Você me ajuda a separar as pessoas em grupos?

GOLDFISH ● PEIXE DOURADO DE AQUÁRIO

● **To be in a GOLDFISH bowl**
Estar muito exposto, muito à vista
In this house, with no curtains, you are in a GOLDFISH bowl.
   Nesta casa, sem cortinas, você está muito exposto.

GOOSE ● GANSO

ave que aparece em histórias infantis, como Mother Goose

● **GOOSE**
Pessoa tola, boboca

● **A wild GOOSE chase**
Busca de uma coisa inexistente
○ **To look for mushrooms now is to go on a wild GOOSE chase.**
   Procurar cogumelos agora é buscar uma coisa inexistente.

● **To be too frightened to say "boo" to a GOOSE**
Excessivamente tímido
○ **He is too frightened to say "boo" to a GOOSE, so don't expect him to sing in public.**
   Ele é tímido demais, então não espere que ele cante em público.

- **To cook one's GOOSE**

Fazer algo que poderá prejudicar uma pessoa

○ I cooked his GOOSE when I showed the document he had altered.

Eu o prejudiquei quando mostrei o documento que ele havia falsificado.

- **To kill the GOOSE that lays the golden egg**

Matar a galinha dos ovos de ouro.

De uma fábula de Esopo na qual o dono de um ganso que punha ovos de ouro, resolveu matá-lo para ter acesso a todos os ovos que ele supunha que estavam no interior da ave.

○ He killed the GOOSE that lays the golden egg, when he refused to sell his paintings.

Ele matou a galinha dos ovos de ouro, quando se recusou a vender os quadros dele.

- **All his geese are swans**

Tudo o que é dele é melhor

○ He thinks all his geese are swans, but we know it is not so.

Ele pensa que tudo que é dele é melhor, mas sabemos que não é assim.

- **GOOSE flesh/pimples**

Pele arrepiada de frio ou medo

○ The cold wind left me with GOOSE flesh.

O vento frio me deixou arrepiada.

- **GOOSE step**

Passo de ganso (militar)

○ Nazi soldiers marched to a GOOSE step.

Os soldados nazistas marchavam em passo de ganso.

GRASSHOPPER • GAFANHOTO

● Since he was knee high to a GRASSHOPPER
Desde muito criança, muito pequeno
○ I have known him since he was knee high to a GRASSHOPPER.
   Eu o conheço desde que ele era muito pequeno.

GRIFFIN • ANIMAL IMAGINÁRIO

em histórias, com cabeça e asas de águia e corpo de leão. Seus ninhos eram de ouro e seus ovos de ágata. Imortalizado na obra de John Milton, Paraíso Perdido, que a ele faz alusão no Livro II.

GUTS • INTESTINOS

● To have no GUTS
Não ter peito para
○ He is a coward, he has no GUTS to confront him.
   Ele é um covarde, não tem peito para confrontá-lo.

HACKLE • PENAS NO PESCOÇO DE AVES

- **To raise someone's HACKLE**
Deixar alguém bravo, zangado
○ Her rudeness raises my HACKLE.
   A rudeza dela me deixa zangada.

HALCYON • ALCIONE, MARTIM-PESCADOR.
Fazia seu ninho por sobre as águas do oceano. Apaziguava as ondas do mar quando pairava seu ninho sobre ele. Adj. feliz, despreocupado

- **In HALCYON days**
Dias felizes do passado
○ HALCYON days will never come back.
   Os dias felizes do passado não voltarão mais.

- **HALCYON, adj.**
Próspero
○ It was a HALCYON year for the industry.
   Fou um ano próspero para a indústria.

- **HALCYON, adj.**
Calmo, tranqüilo
○ After the storms and hurricanes, we finally have HALCYON weather.
   Depois de tempestades e furacões, temos finalmente dias tranqüilos.

HARE • LEBRE

● **First catch your HARE (then cook it)**
Primeiro obtenha a lebre
○ First get your HARE, then make your shopping list.
   Primeiro obtenha o dinheiro, depois faça sua lista de compras.

● **HARE-brained**
Muito burro
He flunked again because he is HARE-brained.
   Ele foi reprovado de novo porque é burro.

● **HARE-footed**
Ligeiro, rápido
○ He will get there before us, because he is HARE-footed.
   Ele vai chegar lá antes de nós, porque é rápido.

● **To chase every HARE**
Desconcentrar-se facilmente, não se concentrar numa só coisa
○ If you chase every HARE, you will not catch any.
   Se você não se concentrar numa só coisa não fará nenhuma.

● **March HARE**
As mad as a March Hare = Insano.
Alusão a personagem de *Alice no País das Maravilhas*, de Lewis Carroll. O mês de maio é a estação do cio e as lebres enlouquecem
○ He was running around as mad as a March HARE.
Ele estava correndo por aí como um louco.

- **To run with the HARE and hunt with the hounds**
Contentar gregos e troianos, apoiar dois lados opostos
○ You have no loyalty to any party, because you run with the HARE and and hunt with the hounds.
  Você não tem lealdade para com nenhum partido, porque está dos dois lados ao mesmo tempo.

HAWK • FALCÃO, GAVIÃO

- **HAWK**
Pessoa que prega política externa agressiva
○ The new minister of Defense is a HAWK.
  O novo ministro da Defesa é agressivo na política externa.

- **HAWK-eyed**
Olhos de lince, perspicaz
○ Nothing goes unnoticed to him, he is HAWK-eyed.
  Nada lhe passa desapercebido, ele tem olhos de lince.

- **HAWK nosed**
De nariz aquilino
○ She was born HAWK-nosed and when adult underwent a plastic surgery.
  Ela nasceu com o nariz aquilino e fez uma plástica quando adulta.

- **HAWKS and doves**
Falcões e pombos
Em política inglesa os falcões são os conservadores da ala direita que se opõem aos pombos da esquerda, favoráveis à conciliação com outros partidos. Em política norte-americana, estão nos partidos republicanos e democráticos, com o mesmo sentido.
○ HAWKS and doves will never agree.
  Conservadores e esquerdistas jamais chegarão a um acordo.

HEDGEHOG • PORCO-ESPINHO

● HEDGEHOG
Muito sensível, que se ofende à toa
○ I did not know he was a HEDGEHOG and offended him with my opinions.
Eu não sabia que ele era tão sensível e o ofendi com minhas opiniões.

HEN • GALINHA

● As mad as a wet HEN
Muito zangado, fulo da vida, uma fera.
○ John was as mad as a wet HEN just because someone had misplaced his book.
John estava uma fera só porque alguém havia deixado seu livro fora de lugar.

● A mother HEN
Pessoa superprotetora
○ A mother HEN can be a very annoying person.
Uma pessoa superprotetora pode ser muito chata.

● As scarce as HEN's teeth
Raro/escasso como dente de galinha
○ At this time of the year, certain fruits are as scarce as HEN's teeth.
Nesta época do ano, certas frutas são dente de galinha.

● HEN-pecked husband
Marido dominado pela mulher
○ He does nothing without asking his wife, for he is a HEN-pecked husband.
Ele não faz nada sem perguntar à mulher, porque é um marido dominado por ela.

● HEN party
Reunião/festa só de mulheres

○ **John was not invited, because it was a HEN party.**
John não foi convidado, porque era uma festa só de mulheres.

HERD • REBANHO

● **To follow the HERD**
Seguir a multidão, fazer o que os outros fazem
○ **Since I do not know what to do, I will follow the HERD.**
Como não sei o que fazer, vou fazer o que os outros fazem.

HERRING • ARENQUE

● **To be a red HERRING**
Pista falsa para confundir.
Lembra a prática de usar esse tipo de arenque para deixar pistas para cães caçadores, ou também para desviar os cães
○ **The bandit left a knife behind as a red HERRING.**
O bandido deixou uma faca como pista falsa.

● **Like HERRING in a barrel**
Como sardinha em lata
○ **It was a small room and people were like HERRING in a barrel.**
Era uma sala pequena e as pessoas estavam como sardinha em lata.

HIDE • COURO

● **To want someone's HIDE**
Esfolar o couro de alguém, castigar, passar um sabão
○ **I want the HIDE of the boy who broke the window and ran away.**
Vou esfolar o couro do rapaz que quebrou a janela e fugiu.

- **To have a thick HIDE**

Ser casca-grossa, ter pele grossa, sem educação

○ She won't see what is right and what is wrong, she has a thick HIDE.

Ela não enxerga o que é certo e o que é errado, ela é uma casca-grossa.

- **To have the HIDE of a rhinoceros**

Ser um paquiderme

○ No criticism will touch her, she has the HIDE of a rhinoceros.

Nenhuma crítica a atinge, ela é um paquiderme.

HOG • PORCO CAPÃO

- **A road HOG**

Motorista braço-duro

○ He is always involved in accidents, because he is a road HOG.

Ele está sempre envolvido em acidentes porque é um braço-duro.

- **To eat high on the HOG**

Comer comida boa e cara, banquetear-se

○ He spends most of his money eating high on the HOG.

Ele gasta a maior parte de seu dinheiro banqueteando-se.

- **To make a HOG of oneself**

Comer gulosamente, até se fartar

○ He was hungry, the food was delicious, and so he ate high on the HOG.

Ele estava com fome, a comida estava deliciosa, então ele comeu até se fartar.

- **To go the whole HOG**

Ir até o fim, dar-se tudo a que se tem direito, esbaldar-se

○ She went the whole HOG, spending all in a dress, new shoes, perfume, cosmetics.

Ela não deixou nada por fazer, gastou tudo num vestido, sapatos novos, perfume e cosméticos.

- **To go HOG wild**

Comportar-se doidamente

○ When she heard she had hit the jackpot, she went HOG wild.

Quando ela soube que tinha tirado a sorte grande, comportou-se como doida.

- **HOG in armour**

Pessoa desajeitada

○ Poor Mary, no nice dress can help her, she is a HOG in armour.

Coitada da Mary, nem um vestido bonito pode ajudá-la, ela é tão desajeitada!

- **HOGwash, nonsense**

Asneira, besteira

○ Stop this HOGwash right now!

Pare com essa asneira já!

- **To live high on the HOG**

Viver e comer bem

○ To live high on the HOG is what she wants to do, now that she can afford it.

Viver e comer bem é o que ela quer, agora que pode.

- **Feed a pig and you will have a HOG**

Alimente um leitão e você terá um porco capão

HOOF • CASCO, PATA

- **To HOOF**

Ir a pé, caminhar

○ The buses were on strike, I had to HOOF it to the office.

Os ônibus estavam em greve, tive que caminhar até o escritório.

ABCDEFG**H**IJKLMNOPQRSTUVWXYZ

HOOT • PIO DE MOCHO

● **Not to care a HOOT**
Não dar a mínima
○ **I do not care a HOOT if she likes my work or not.**
　Não dou a mínima se ela gosta do meu trabalho ou não.

HORN • CHIFRE

● **The HORNS of a dilemma**
Num dilema, literalmente, entre dois chifres
○ **I am in the HORNS of a dilemma having to choose between the two jobs.**
　Estou num dilema tendo que escolher entre os dois empregos.

● **To lock HORNS with someone**
Brigar com alguém, pegar-se com alguém.
○ **A difference of opinion made John lock HORNS with Mary.**
　Uma diferença de opinião fez John se pegar com Mary.

● **To pull one's HORNS in**
Reduzir as despesas; retratar-se de uma afirmativa
○ **When he lost his job he had to pull his HORNS in.**
　Quando perdeu o emprego, ele teve que reduzir as despesas.
○ **He made a false statement, and had to pull his HORNS in.**
　Ele fez uma afirmativa falsa e teve que se retratar.

HORNET • VESPA, MARIMBONDO

● **To stir up a HORNET's nest**
Criar dificuldades, ressentimento, bulir em casa de marimbondo

○ John stirred up a **HORNET**'s nest when he said that money was missing at the office.

John criou dificuldades quando disse que estava faltando dinheiro no escritório.

HORSE • CAVALO

● **I could eat a HORSE**

Estou morrendo de fome

○ **After all this exercise, I could eat a HORSE.**

Depois de todo esse exercício, estou morrendo de fome.

● **A Trojan HORSE**

Artimanha, estratagema, ardil, inimigo oculto

○ **Do you know the man that came in with Mary? He could be a Trojan HORSE.**

Você conhece o homem que entrou com Mary? Ele pode ser um inimigo oculto.

● **A dark HORSE**

Pessoa com talentos não revelados

○ **I never thought that John was a poet too. He is a dark HORSE.**

Nunca pensei que John fosse poeta também. Ele tem talentos não revelados.

● **A Charley HORSE**

Cãibra

○ **I could not sleep all night because of a Charley HORSE.**

Não consegui dormir a noite toda, por causa de cãibra.

● **A HORSE-laugh**

Rinchavelhada, gargalhada estrondosa

○ **One could hear his HORSE-laugh from a great distance.**

Podia-se ouvir a gargalhada estrondosa dele de longe.

ABCDEFG**H**IJKLMNOPQRSTUVWXYZ

● **A nod is the same as a wink to a blind HORSE**
O pior cego é aquele que não quer ver
○ The facts were evident, but John did not see them because a nod is the same as a wink to a blind HORSE.

Os fatos eram evidentes, mas John não os viu porque o pior cego é aquele que não quer ver.

● **A stalking HORSE**
Aquele que esconde os motivos reais, especialmente em política, como um candidato que se apresenta para dividir a oposição; cavalo ou figura de cavalo que serve de tocaia em caça
○ The new candidate has no chance to win, he is just a stalking HORSE.

O novo candidato não tem chance de vencer, ele é apenas para dividir a oposição.
○ The hunter was hiding behind a stalking HORSE.

O caçador estava escondido numa tocaia.

● **A two-HORSE race**
Uma competição com somente dois concorrentes sérios
○ Many candidates enrolled, but it is going to be a two-HORSE race, between John and Peter.

Muitos candidatos se inscreveram, mas vai ser um páreo entre apenas dois concorrentes sérios, John e Peter.

● **A warHORSE**
Soldado velho que gosta de relembrar batalhas
○ I enjoy listening to John's anecdotes. He is a warHORSE.

Gosto de ouvir as histórias de John, ele é um soldado velho que gosta de relembrar batalhas.

● **A willing HORSE**
Trabalhador contente, sempre de boa vontade
○ He will do anything you ask him, he is a willing HORSE.

Ele fará qualquer coisa que você pedir, é um trabalhador de boa vontade.

- **Hold your HORSES!**

Não tenha tanta pressa, devagar que o santo é de barro!

○ Hold your HORSES, we have plenty of time!

Não tenha tanta pressa, temos muito tempo!

- **HORSE sense**

Esperteza natural

○ He was able to discover the missing person just by HORSE sense.

Ele foi capaz de descobrir a pessoa desaparecida, só por esperteza natural.

- **HORSEfeathers**

Mentira, besteira

○ He said he was in Paris? HORSEfeathers! He has never been abroad.

Ele disse que esteve em Paris? Mentira! Ele nunca esteve no exterior.

- **HORSEtrading**

Negociações difíceis

After some HORSEtrading they finally agreed upon a certain price.

Depois de negociações difíceis eles concordaram num preço.

- **It is HORSES for courses**

Combinações que dão certo, pessoas certas nos lugares certos

○ We have to reorganize the department, it is HORSES for courses.

Temos que reorganizar o departamento, pessoas certas nos lugares certos.

- **A HORSE of a very different color**

Uma coisa completamente diferente

○ I told the sales lady I wanted stockings, not slippers. They are HORSES of a diferent color.

Eu disse para a vendedora que eu queria meias e não chinelos. São duas coisas completamente diferentes!

A B C D E F G **H** I J K L M N O P Q R S T U V W X Y Z

- **The HORSE and buggy days**

No tempo do zagaia/onça, nos velhos tempos, antigamente

○ It was only in the **HORSE** and buggy days that you could leave your front door open.

É só no tempo do onça que você podia deixar a porta da frente aberta.

- **To back the wrong HORSE**

Apostar no cavalo errado, confiar na pessoa errada

○ Of course he disappointed you. You backed the wrong **HORSE**!

É claro que ele o desapontou, você confiou na pessoa errada!

- **To be off on one's hobby HORSE**

Inserir na conversação assuntos de seu interesse

○ We were talking about music, but she was off on her hobby **HORSE** and we had to listen about sports.

Estávamos conversando sobre música, mas ela inseriu seu assunto predileto e tivemos que ouvir sobre esportes.

- **To be on one's high HORSE**

Ser excessivamente pomposo, assumir atitude de superioridade

○ He tried to be on his high **HORSE** with me, but I put him in his place.

Ele tentou assumir ares de superioridade comigo, mas eu o coloquei no seu lugar.

- **To drive a coach and HORSES through something**

Mostrar erros graves em alguma coisa

○ He was able to drive a coach and **HORSES** through her dissertation.

Ele foi capaz de mostrar erros graves na tese dela.

- **To flog a dead HORSE**

Bater em cavalo morto, falar sobre assunto já resolvido, chover no molhado

○ Speaking about his guilt is to flog a dead **HORSE**.

Falar da culpa dele é chover no molhado.

- **To frighten the HORSES**

Espantar as pessoas com táticas erradas, espantar o freguês

○ Reminding them of their errors is to frighten the HORSES.

Lembrar-lhes de seus erros é espantar o freguês.

- **From the HORSES mouth**

De fonte segura

○ We heard about his bankruptcy from the HORSES mouth.

Soubemos da bancarrota dele de fonte segura.

- **To look a gift HORSE in the mouth**

De cavalo dado não se olha os dentes

○ The free seats for the concert were not the best, but you should not look a gift HORSE in the mouth.

Os lugares grátis para o concerto não eram os melhores, mas de cavalo dado não se olha dentes.

- **To put the cart before the HORSE**

Pôr o carro na frente dos bois

○ Eating sweets before your dinner is putting the cart before the HORSES.

Comer doces antes do jantar é pôr o carro na frente dos bois.

- **To shut the stable door after the HORSE has bolted**

Pôr o trinco na porta depois que o ladrão entrou

○ John had an alarm installed in his office when it was brioken in; it was shutting the stable after the HORSE had bolted.

John mandou instalar um alarme no escritório depois que foi assaltado; foi pôr trinco na porta depois que o ladrão entrou.

- **Wild HORSES would not make me do**

Nem que a vaca tussa

○ Wild HORSES would not make invite them.

Não os convidaria nem que a vaca tossisse.

A B C D E F G **H** I J K L M N O P Q R S T U V W X Y Z

- **HORSEplay**

Brincadeira barulhenta e bruta

○ During recess children engage in HORSEplay.

   Durante o recreio as crianças fazem brincadeiras barulhentas e brutas.

- To HORSE around

Ser turbulento, rude ou buliçoso; fazer baderna

○ They are like hooligans HORSING around.

   Eles são como arruaceiros, fazendo baderna.

HOUND • CÃO DE CAÇA

- To run with the hare and hunt with the HOUNDS

Fazer jogo duplo

○ Make up your mind! Are you running with the hare and hunting with the dogs?

   Decida-se. Você está com eles ou conosco?

- To set the HOUNDS baying

Fazer fofocas

○ Mary likes to set the HOUNDS baying.

   Mary gosta de fazer fofocas.

- To ride to HOUNDS

Caçar raposa

○ His favorite sport is to ride the HOUNDS.

   Seu esporte favorito é caçar raposas.

- To follow the HOUNDS

Caçar raposa

○ Next month they are all going to follow the HOUNDS.

   Mês que vem eles todos vão caçar raposas.

JACKAL • CHACAL

• A JACKAL
Pessoa que faz trabalhos desprezíveis para outrem; pessoa desprezível

• To keep the JACKALS at bay
Manter os credores à distância, pagando-lhes um pouco
○ The money he makes is hardly enough to keep the JACKALS at bay.
   O que ele ganha mal dá para manter os credores à distância.

JAY, JAYBIRD • GAIO

• JAY
Pessoa que fala muito, pessoa tola
○ Mary is actually a JAY, you never have a chance to say anything.
   Mary fala muito e você não tem a chance de dizer nada.

• As naked as a JAYBIRD
Pelado
○ The children were swimming in the river as naked as JAYBIRDS.
   As crianças estavam nadando no rio peladas.

• JAYwalker
Pessoa que caminha em ziguezague, pedestre imprudente
○ The driver could not help running over the JAYwalker.
   O motorista não pode evitar de atropelar o pedestre imprudente.

JUNGLE • SELVA

● **The law of the JUNGLE**
A lei da selva
○ The stronger beats the weaker; that's the law of the JUNGLE.
   O mais forte vence o mais fraco; é a lei da selva.

● **The blackboard JUNGLE**
Palco de violência em sala de aula
○ Many schools nowadays have become a blackboard JUNGLE.
   Muitas escolas hoje em dia se tornaram palco de violência.

KANGAROO • CANGURU

● To KANGAROO
Condenar e punir injustamente, sem dar chance de defesa; dirigir carro aos solavancos por mau uso de embreagem
○ He has no chance to defend himself. He was KANGAROOed.
   Ele não teve chance de se defender, foi condenado e punido a revelia.
○ He is still learning how to drive, KANGAROOing.
   Ele ainda está aprendendo a dirigir, indo aos solavancos.

● A KANGAROO court
Corte sem autoridade legal que julga e pune de modo contrário aos interesses de um grupo
○ He was innocent, but they submitted him to a KANGAROO court.
   Ele era inocente, mas foi submetido a uma corte ilegal.

KITTEN • GATINHO

● To have KITTENS
Reagir com muita raiva, desaprovação
○ Her father was having KITTENS because he did not approve of her boy friend.
   O pai dela estava com muita raiva, porque não gostou do namorado dela.
○ Mary was having KITTENS because her maid had broken a vase.
   Mary estava com muita raiva porque sua empregada tinha quebrado um vaso.

ABCDEFGHIJ**K**LMNOPQRSTUVWXYZ

- **To feed the KITTEN**

Pôr dinheiro na caixinha

○ **We are planning to buy her a farewell gift, so we must feed the KITTEN.**
Estamos planejando comprar-lhe um presente de despedida, então é preciso rechear a caixinha.

- **KITTENish**

Mulher faceira, namoradeira

○ **The little girl grew up to become a KITTENish young lady.**
A menina cresceu e se tornou uma jovem faceira.

- **A sex KITTEN**

Mulher jovem que gosta de flertar

○ **Mary is a sex KITTEN.**
Mary gosta de flertar.

LAMB • CORDEIRO
Título de Cristo no Novo Testamento. Criança inocente, boa, afável. Também aparece muito em histórias infantis

- **A LAMB led to slaughter**
Um inocente sendo sacrificado
  - The poor boy had nothing to do with the robbery. He was a LAMB led to slaughter.
    O pobre garoto não tinha nada a ver com o roubo. Foi um inocente sacrificado.

- **Sacrificial LAMB**
Alguém que sofre pelos erros de outrem
  - John has been a sacrificial LAMB to protect his brother.
    John sempre sofreu pelos erros do irmão.

- **To be mutton dressed up as a LAMB**
Querer parecer mais jovem do que é
  - She is a mutton dressed as a LAMB, but her hands betray her age.
    Ela se veste para parecer mais jovem, mas as suas mãos traem a sua idade.

- **To wait two shakes of a LAMB's tail**
Esperar dois segundos
  - I waited only two shakes of a LAMB's tail and was called in.
    Esperei só dois segundos e fui chamada.

LARK • COTOVIA

● **To rise with the LARKS**
Acordar com os passarinhos
○ **He rises with the LARKS because he sleeps with the hens.**
  Ele se levanta com os passarinhos porque dorme com as galinhas.

● **What a LARK!**
Que divertido! Que engraçado!
○ **We watched the monkey playing. What a LARK!**
  Ficamos olhando os macacos a brincar. Que divertido!

● **To be/go on a LARK**
Cair na farra
○ **The soldiers on leave went on a LARK.**
  Os soldados de licença caíram na farra.

● **To LARK about/around**
Brincadeira desordenada, abrutalhada
○ **The school children were LARKing around after they left school.**
  As crianças estavam numa brincadeira desordenada quando saíram da escola.

LEECH • SANGUESSUGA

● **A LEECH**
Pessoa que se aproveita de outra, que "gruda", da qual é difícil de se livrar
○ **Mary is such a LEECH, I could not get rid of her.**
  Mary é uma pessoa que gruda e eu não conseguia me livrar dela.

LEMMING • LEMINGUE

Pequeno rato que emigra para o mar, através da Noruega, e depois morre afogado

● **LEMMING like instinct**
Instinto de autodestruição
○ It was by a **LEMMING like instinct that she stopped eating.**
   Foi por instinto de autodestruição que ela deixou de se alimentar.

LEOPARD • LEOPARDO, TAMBÉM CONHECIDO COMO PANTERA

● **A LEOPARD cannot change its spots**
Pau que nasce torto nunca se endireita
○ It is a mistake to let the thief go free, a **LEOPARD cannot change its spots.**
   É um erro soltar o ladrão, pau que nasce torto nunca se endireita.

LION • LEÃO

Rei dos animais, sua figura é usada em emblemas heráldicos. Juntamente com o unicórnio é símbolo de armas do brasão inglês

● **The LION's share**
A parte do leão, a melhor parte
○ They were five heirs, but John got the lion's share.
   Eram cinco herdeiros, mas John ficou com a melhor parte.

● **LION-hearted**
Muito corajoso
○ He is **LION-hearted and volunteered to go to war.**
   Ele é muito corajoso e se ofereceu voluntariamente para ir à guerra.

A B C D E F G H I J K **L** M N O P Q R S T U V W X Y Z

- A LION in the way/path

Perigo ou dificuldade imaginários

○ Mary sees a LION in the way, because she is a very pessimistic person.

Mary vê perigos imaginários porque é uma pessoa muito pessimista.

- To beard the LION in his den

Desafiar o inimigo nos domínios dele

○ It is not wise to beard the LION in his den.

Não é prudente desafiar o inimigo nos seus domínios.

- To put one's head in the LION's mouth

Pôr a cabeça na boca do leão, expor-se ao perigo de maneira imprudente

○ Hiding the thief you are putting your head in the LION's mouth.

Escondendo o ladrão você está pondo a cabeça na boca do leão.

- To throw someone to the LIONS

Abandonar alguém à sua sorte, deixá-lo em situação vulnerável

○ John knew of the danger, but threw his friend to the LIONS.

John sabia do perigo, mas abandonou o amigo à própria sorte.

- To twist the LION's tail

Falar mal da Grã-Bretanha

○ Never twist the LION's tail if you want to be her friend.

Nunca fale mal da Inglaterra se você quer ser seu amigo.

- The LION of the hour

A celebridade do momento

○ When he won the race he became the celebrity of the moment.

Quando ele ganhou a corrida se tornou a celebridade do momento.

- **LION hunter**

Anfitrião que procura celebridades para impressionar seus convidados

○ Mary has become a **LION** hunter because she likes to impress her guests.
Mary se tornou uma caçadora de celebridades porque gosta de impressionar seus convidados.

- **To LIONize**

Tratar alguém como pessoa muito importante

○ After I saved her from being assaulted she **LIONizes** me.
Depois de eu tê-la salvo de um assalto ela me trata como pessoa importante.

- **The LION and the unicorn**

O leão e o unicórnio. Símbolos do brasão de armas inglês, o leão, a força, o unicórnio, a inocência.

LYNX • LINCE

Felino também conhecido como *bobcat*

- **LINX-eyed**

Olhos de lince

○ At her age she still does not need to wear glasses, she is **LYNX**-eyed.
Na idade dela ela ainda não precisa usar óculos, tem olhos de lince.

MACKEREL • CAVALINHA

• **To throw a sprat to catch a MACKEREL**
Conceder pouco para ganhar muito
○ The money we invested in that business was just a sprat to catch a MACKEREL.
   O dinheiro investido naquele negócio foi só para ganharmos muito depois.

• **MACKEREL breeze**
Brisa muito forte
○ It became chilly with the MACKEREL breeze.
   Ficou frio com a brisa muito forte.

• **MACKEREL sky**
Céu de carneiro, coberto de cirros-cumulus ou pequenos cirros-estratos.
○ They say MACKEREL sky announces wind or rain.
   Céu pedrendo, sinal de chuva ou vento. / Dizem que céu de carneiro prenuncia chuva ou vento.

MARE • ÉGUA
Fêmea de cavalo ou zebra; ser sobrenatural que causa pesadelos

• **A MARE's nest**
Descoberta ilusória; malogro, embuste

○ He announced two more discoveries, but just like the previous ones it was a MARE's nest.

Ele anunciou mais duas descobertas, mas, como as anteriores, eram um embuste.

● By shank's MARE

A pé

○ The traffic is so bad, you'll get there faster by shanks's MARE.

O trânsito está tão ruim, você chegará mais depressa a pé.

MAVERICK • ANIMAL DE GADO SEM MARCA DE FERRO EM BRASA

Pessoa indisciplinada ou independente; político dissidente

● No one can control him, he is a MAVERICK.

Ninguém consegue controlá-lo, ele é muito independente.

○ Now he does not belong to any party, he is a MAVERICK.

Agora ele não pertence a nenhum partido, é político independente.

MINNOW • PEIXINHO DE ÁGUA DOCE

● To miss the sharks while netting the MINNOWS

Perder os grandes preocupando-se com os pequenos

○ Frequently the police arrest the MINNOWS and let the sharks go.

Freqüentemente a polícia prende os pequenos e deixa os grandes à solta.

MOLE • TOUPEIRA

● A MOLE

Traidor que mina a empresa na qual trabalha

○ He was fired for they discovered he was a MOLE.

Ele foi despedido porque descobriram que estava minando a empresa.

A B C D E F G H I J K L **M** N O P Q R S T U V W X Y Z

● **To make mountains out of MOLEHILLS**
Fazer tempestade em copo de água, exagerar um pouco
○ It is nothing serious, you are making mountains out of a MOLEHILL.
   Não é nada sério, você está fazendo tempestade em copo de água.

MONKEY ● MACACO

● **MONKEY business**
Comportamento/negócio desonesto
○ He is not a reliable person, he is always involved in some MONKEY business.
   Ele não é de confiança, está sempre envolvido em algum negócio
   desonesto.

● **MONKEY chaser**
Homem interessado nas *taxi-dancers(monkeys)*(cerca de 1930)
○ He had the reputation of being a MONKEY chaser.
   Ele tinha a reputação de se interessar por *taxi-dancers*.

● **MONKEY organ**
Realejo
○ There is always a MONKEY organ on this street.
   Há sempre um realejo nesta rua.

● **To play MONKEY tricks on someone**
Pregar peças em alguém
○ School children like to play MONKEY tricks on their teachers.
   Crianças de escola gostam de pregar peças nas suas professoras.

● **To lay the MONKEY**
Fazer travessuras, aprontar alguma
○ It is suddenly so quiet, the children must be laying tricks.
   De repente está tudo tão quieto, as crianças devem estar aprontando
   alguma.

- **MONKEY nut**

Amendoim

○ Don't forget to buy **MONKEY** nuts for the cocktail party!

Não se esqueça de comprar amendoim para o coquetel.

- **MONKEY suit**

Traje de gala masculino, casaca

○ He could not go to the reception because he did not have a **MONKEY** suit.

Ele não pôde ir à recepção porque não tinha casaca.

- **MONKEYshine, monkey tricks**

Travessura, macaquice, momice, peça que se prega em alguém

○ All is so quiet, the children must be up to some **MONKEY**shine.

Tudo está tão quieto, as crianças devem estar aprontando uma travessura.

- **To get one's MONKEY up**

Zangar-se

○ He got my **MONKEY** up with his silly behavior.

Ele me deixou zangada com seu comportamento tolo.

- **Have a MONKEY on one's back**

Ser dependente de drogas

○ Her youngest son has a **MONKEY** on his back.

O filho mais novo dela é dependente de drogas.

- **To make a MONKEY of someone**

Ridicularizar alguém

○ She mimicked his gait and made a monkey of him.

Ela imitou o seu jeito de andar e o ridicularizou.

- **To MONKEY around**

Vadiar; meter-se com

○ He is so lazy, all he does is to monkey around.

Ele é tão preguiçoso, tudo que faz é vadiar.

MONSTER • MONSTRO

● **A hydra-headed MONSTER**
Um mal que não é facilmente superável
○ **Nepotism is a hydra-headed MONSTER.**
   O nepotismo é um mal difícil de superar.

MOTH • TRAÇA; MARIPOSA

● **MOTH eaten**
Antiquado
○ **We cannot use your ideas, they are MOTH-eaten.**
   Não podemos usar suas idéias, elas são antiquadas.

● **MOTHball**
Antitraças, em geral naftalina
○ **To put in MOTHballs**
Engavetar; adiar trabalho, projeto, atividade
○ **Forget about your project. He has put it in MOTHballs.**
   Esqueça o seu projeto, ele o engavetou.

MOUSE/MICE • CAMUNDONGO

● **A game of cat and MOUSE**
Brincadeira de gato e rato, alternar severidade com brandura
○ **I wish you would stop playing cat and MOUSE with me and tell exactly what you want.**
   Eu gostaria que você parasse de brincar de gato e rato comigo e me dissesse o que você quer exatamente.

- **MICE have been here**

Alguém esteve aqui, entrou gente aqui

○ Everything at the office was out of order, MICE had been there.

Tudo no escritório estava fora de lugar, alguém tinha entrado lá.

○ Everything was upturned when we got home, MICE had been there.

Tudo estava revirado quando chegamos em casa, tinha entrado gente lá.

- **To labor mightily and bring forth a MOUSE**

Trabalhar sem eficiência

○ He works without a method, that's why he labors mighty and brings out a MOUSE.

Ele trabalha sem método, é por isso que o faz sem eficiência.

- **When the cat is away the MICE will play**

Quando o gato está fora, os ratos se divertem

○ Of course no one works when the manager leaves. When the cat is away the MICE will play.

É claro que ninguém trabalha quando o gerente sai. Quando o gato está fora os ratos se divertem.

- **MOUSEtrap cheese**

Queijo de qualidade inferior (que só serve para ratoeira)

○ This is not a Swiss cheese, it a MOUSEtrap cheese.

Este não é um queijo suíço, é de qualidade inferior.

MULE • MULA

- **As stubborn as a MULE**

Teimoso como uma mula

○ He won't change his mind, because he is as stubborn as a MULE.

Ele não vai mudar de idéia, porque é teimoso como uma mula.

NEST • NINHO

- **A NEST egg**
Um pé-de-meia, economias
○ My NEST egg is for my old age.
   Minhas economias são para a minha velhice.

- **To feather one's own NEST**
Acumular riquezas às custas de bens de outrem sob sua tutela
○ He had the opportunity to feather his own NEST, when he was treasurer of the club.
   Ele teve oportunidade de acumular riqueza, quando foi tesoureiro do clube.

- **To foul one's own NEST**
Sujar o próprio ninho.
○ Saying such things about your family is fouling your own NEST.
   Dizendo tais coisas de sua própria família é sujar seu próprio ninho.

NIT • LÊNDEA

- **To NITpick**
Criticar alguém com picuinhas
○ They could not find any major error in her work, so they NITpicked.
   Eles não puderam achar nenhum erro grave no trabalho dela, então criticaram com picuinhas.

OSTRICH • AVESTRUZ
A maior ave, corredora, e que não voa

- **To be/act like an OSTRICH**
Enfiar a cabeça na areia como o avestruz, ignorar
  - When the doctor diagnosed his illness he acted like the OSTRICH.
  Quando o médico diagnosticou sua doença ele enfiou a cabeça na areia.

OWL • CORUJA

- **To be a night OWL**
Ser notívago
  - Mary always goes to bed at dawn, she is a night OWL.
  Mary sempre vai para a cama de madrugada, ela é notívaga.

- **As wise as an OWL**
Sábio como uma coruja
  - The old man is as wise as an OWL.
  O velho é sábio como uma coruja.

- **A solemn OWL**
Coruja solene. Pessoa que é excessivamente solene, pomposa, sem nenhum humor
  - He is not even intelligent, just a solemn OWL.
  Ele nem é inteligente, apenas pomposo.

A B C D E F G H I J K L M N **O** P Q R S T U V W X Y Z

OX • BOI

• An ox
Homem grande e forte, mas não inteligente, brutamontes
○ For this kind of work, you need an ox.
Para esse tipo de trabalho você precisa de um homem forte.

• As strong as an ox
Forte como um touro
○ He is still in good health and as strong as an ox.
Ele ainda tem boa saúde e é forte como um touro.

OYSTER • OSTRA

• As close as an oyster
Fechado, calado como uma porta, relutante em dar informações
○ He knows who the culprit is, but being as close as an oyster, he won't tell anything.
Ele sabe quem é o culpado, mas, calado como uma porta, não vai dizer nada.

• The world is one's oyster
A esfera de ação é muito grande, é sua, o mundo é seu
○ Now that you have graduated, start working, the world is your oyster.
Agora que você se formou, comece a trabalhar, o mundo é seu.

PACK • MATILHA

- **To be the head of the PACK**
Ser o cabeça da matilha, do bando
  ○ The police arrested a few thieves, but not the head of the PACK.
  A polícia prendeu alguns ladrões, mas não o cabeça do bando.

- **To bring someone back to the PACK**
Fazer uma pessoa se conformar
  ○ He was reluctant to accept the facts, but we brought him back to the PACK.
  Ele estava relutando em aceitar os fatos mas o fizemos se conformar.

PANTHER • PANTERA

- **PANTHER sweat**
Leite de onça, bebida muito forte
  ○ I could not swallow the cocktail, it was pure PANTHER sweat.
  Não consegui engolir o coquetel, era puro leite de onça.

PELICAN • PELICANO
Símbolo do estado da Louisiana

- **I was born and live in the PELICAN state.**
Nasci e moro no estado da Louisiana.

ABCDEFGHIJKLMNO**P**QRSTUVWXYZ

● PELICAN crossing
Travessia de pedestres com botão para eles pedirem passagem
○ It is safe to cross the street on a PELICAN crossing.
É seguro atravessar a rua numa faixa de pedestres com controle de botão.

PERCH • POLEIRO

● To knock someone off his PERCH
Tirar uma pessoa de seu posto de comando
○ When his corruption was discovered he was knocked off his PERCH.
Quando sua corrupção foi descoberta ele foi tirado de seu posto de comando.

PET • ANIMAL DE ESTIMAÇÃO, QUERIDINHO DE ALGUÉM

● To be the teacher's PET
Ser a queridinha do professor
○ Mary is always the teacher's PET.
Mary sempre é a queridinha do professor.

● PET name
Apelido carinhoso, familiar
○ His name is Theodore, but Ted is his PET name.
O nome dele é Theodore, mas para a família é Ted.

PETREL • PETREL
É um pássaro marinho cuja presença anuncia tempestade. *Petrel* é corruptela de
Saint Peter, o apóstolo Pedro, que caminhava sobre a água

- **To be a stormy PETREL**

Pessoa que perturba uma situação agradável, um espírito de porco

○ Please, do not let him in, we do not ned a stormy **PETREL**.

Por favor, não o deixe entrar, não precisamos de um espírito de porco.

PHOENIX • FÊNIX

Pássaro que se auto-inflamava e depois se erguia das cinzas. Símbolo de ressurreição

- **Rise like a PHOENIX from the ashes**

Erguer-se das cinzas como uma fênix

○ The town was destroyed during the war, but rose like a **PHOENIX** from the ashes.

A cidade foi destruída durante a guerra, mas ergueu-se como uma fênix das cinzas.

PIG • PORCO, LEITÃO

- **PIGGYbank**

Cofrinho de criança, em formato de porquinho

○ Mary's **PIGGY** bank is already full of coins.

O cofrinho de Mary já está cheio de moedas.

- **A guinea PIG**

Cobaia

○ She was a terminal patient and agreed to be a guinea **PIG**.

Ela era uma paciente terminal e concordou em servir de cobaia.

- **A Chauvinist PIG**

Um chauvinista.

Chauvinist deriva de Nicolas Chauvin, soldado francês conhecido por seu nacionalismo exagerado. *Pig* é a cobiça e insensibilidade. Daí, *chauvinist pig* ser termo empregado por mulheres para designar atitudes agressivas ou dominadoras contra mulheres

- **PIGheaded**

Teimoso, que se recusa a ouvir conselhos ou mudar de idéia, ser cabeçudo
- Don't be PIGheaded, and do as I tell you.

  Não seja teimoso e faça como eu digo.
- We cannot convince him of his error because he is PIGheaded.

  Não conseguimos convencê-lo de seu erro porque ele é cabeçudo.

- **A PIG in clover**

Com mais dinheiro que boas maneiras. *In clover* significa em/ na boa vida, com conforto e muito dinheiro
- He struck the pot luck and is now a PIG in clover.

  Ele ganhou na sorte grande e é agora um ricaço sem boas maneiras.

- **To buy a PIG in a poke**

Comprar nabos em saco
- Buying by mail order you are buying a pig in a poke.

  Comprando pelo reembolso postal você está comprando nabos em saco.

- **Blind PIG**

Bar clandestino durante a Lei Seca, nos Estados Unidos
- Blind PIGs multiplied during the Dry Law.

  Os bares clandestinos se multiplicaram durante a Lei Seca.

- **A stuck PIG; like a stuck PIG**

Paralisado de medo ou assombro, com a boca aberta e os olhos arregalados, estatelado de medo
- When he saw his house on fire, he was like a stuck PIG.

  Quando ele viu sua casa em chamas ficou estatelado de medo

- **Feed a PIG and you will have a hog.**

Alimente um leitão e você terá um porco capão.

PIGEON • POMBO

Símbolo da paz

● **A PIGEON pair**
Casal de filhos
○ **It is a small family, they have only a PIGEON pair.**
   É uma família pequena, eles só têm um casal de filhos.

● **To be one's PIGEON**
Ser a área/setor de nossa responsabilidade
○ **Proof reading is John's PIGEON.**
   Revisão é o setor de John.

● **To PIGEON-hole**
Deixar de lado para considerações futuras, engavetar. *Pigeon-hole* é o escaninho de correspondência
○ **They PIGEON-holed her petition.**
   Eles engavetaram o requerimento dela.

● **To throw a cat among the PIGEONS**
Causar consternação ao revelar um fato inesperado e desagradável
○ **Showing where the secret papers were hidden, threw a cat among the PIGEONS.**
   Mostrando onde os papéis secretos estavam escondidos causou consternação.

● **PIGEON-toed**
Com os pés voltados para dentro
○ **If you see someone PIGEON-toed, you know it is John.**
   Se você vir alguém com os pés para dentro, já sabe que é John.

● **Stool PIGEON**
Alcagüete
○ **The bandit was turned in by a stool PIGEON.**
   O bandido foi denunciado por um alcagüete.

A B C D E F G H I J K L M N O **P** Q R S T U V W X Y Z

PONY • PÔNEI

● **PONY**
cola escolar
○ Peter was caught using a **PONY** and could not finish the test.
Peter foi pego usando cola e não pôde terminar a prova.

● A show **PONY**
Pessoa pomposa
○ I cannot stand that woman, she is such a show **PONY**.
Não suporto aquela mulher, ela é pomposa.

● **PONY** engine
pequena locomotiva de manobras (ferrovia)
○ The children had never seen a **PONY** engine before.
As crianças nunca tinham visto antes uma pequena locomotiva de manobras.

● **PONY** express
Sistema postal que emprega cavaleiros para entrega de correspondência
○ The letter took so long to be delivered, it must have come by **PONY** express.
A carta demorou tanto para ser entregue, deve ter vindo por correio a cavalo.

● **PONY**tail
Rabo-de-cavalo (penteado)
○ A **PONY**tail does not become an older woman.
Um rabo de cavalo não fica bem numa mulher mais velha.

● On shanks's **PONY**
A pé, andar no cavalo dos frades
○ It is such a short distance, we can go on shanks's **PONY**.
É uma distância tão curta, podemos ir a pé.

POSSUM • GAMBÁ

O gambá finge-se de morto quando atacado

● **To play POSSUM**
Fazer de conta que está dormindo/morto, que não está presente
○ **If a bear chases you, lie down and play POSSUM.**
  Se um urso persegui-lo, deite e se finja de morto.

● **To stir the POSSUM**
Levantar controvérsias, levantar a lebre
○ **They could not reach an agreement, because someone stirred the POSSUM.**
  Não puderam chegar a um acordo, porque alguém levantou
  controvérsias.

● **There's right smart schooling in the tail of a POSSUM, never let go of of a thing as long as there is a chance.**
Há muita sabedoria no rabo de um gambá, nunca abandone uma
coisa enquanto houver uma chance.

PUP • FILHOTE DE CACHORRO

● **To sell someone a PUP**
Enganar alguém numa transação, num negócio, passar a perna
○ **He not only sold him a house, but also a PUP.**
  Ele lhe vendeu não somente a casa, mas passou-lhe a perna.

● **In PUP**
Animal prenhe
○ **The poor street dog is in PUP.**
  A pobre cadela de rua está prenhe.

A B C D E F G H I J K L M N O **P** Q R S T U V W X Y Z

- **PUPPY fat**

Gordura infantil, que desaparece com o crescimento da criança

○ The child was born plumpy, but that is all **PUPPY** fat.

A criança nasceu gorducha, mas é só gordura infantil.

- **PUPPY love (ver também *calf-love*)**

Amor de adolescente

○ Mary has a crush on her History teacher. It is just **PUPPY** love.

Mary está apaixonada pelo seu professor de história; é amor de adolescente.

PURR • RONRONAR

- **To positively PURR**

Estar satisfeito, ronronar de satisfação

○ The precious ring her fiancée gave her, made her **PURR**.

O anel precioso que o noivo lhe deu deixou-a muito satisfeita.

PUSSY • GATINHO, BICHANO

- **To PUSSYfoot around**

Girar em círculos, agir de maneira tímida; bater sem querer ferir

○ He never does a serious piece of work, he just **PUSSY**foots around.

Ele nunca faz um trabalho sério, fica só girando em círculos.

RABBIT • COELHO

- Move over and let the greyhound see the RABBIT

Sair do lugar para dar espaço a outra pessoa

○ She also wanted to be in the front line, so I moved over and let the greyhound see the RABBIT.

Ela também queria estar na primeira fila, então eu saí do lugar para lhe dar espaço.

- To pull a RABBIT out of the hat

Oferecer solução miraculosa e altamente desejável, um passe de mágica

○ When he offered to pay all the expenses, it was pulling the RABBIT out of the hat.

Quando ele se ofereceu para pagar todas as despesas foi um passe de mágica.

- To RABBIT

Falar muito depressa e sem parar, especialmente se queixando.

○ She was again RABBITing about her money problems.

Ela estava de novo se queixando sem parar de seus problemas financeiros.

- RABBIT foot

Prisioneiro que escapa, fugitivo

○ We saw a strange person near our place, he seemed to be a RABBIT foot.

Vimos uma pessoa estranha perto de casa, parecia ser um fugitivo da prisão.

A B C D E F G H I J K L M N O P Q **R** S T U V W X Y Z

- **RABBIT** fever

Prisioneiro que planeja fuga

○ The prison warder finally discovered who the **RABBIT** fever was.

O guarda da prisão finalmente descobriu quem planejava a fuga.

- **RABBIT** punch

Golpe na nuca que pode causar inconsciência ou morte (boxe)

○ The police discovered that he had died from a **RABBIT** punch.

A polícia descobriu que ele tinha sido morto com um golpe na nuca.

RAT • RATO

- A case of **RATS** leaving a sinking ship

Um caso de ratos que abandonam o navio

○ When he perceived his business was in danger of bankruptcy it was a case of **RATS** leaving the ship. He retired.

Quando ele percebeu que sua firma estava para falir, foi um caso de ratos que abandonam o navio, ele se aposentou.

- A **RAT** race

As pressões da vida moderna, competição por sucessor/riqueza. A frase é náutica, para correnteza muito forte. Do francês *ras* ou *raz* = correnteza violenta.

○ He moved to the country, tired that he was of the **RAT** race in a big city.

Ele se mudou para o campo, cansado que estava das pressões da vida moderna numa cidade grande.

- A jack **RAT**

Pessoa que acumula coisas inúteis

○ Mary is a jack **RAT**, her house is full of trinkets.

Mary acumula coisas inúteis, a casa dela é cheia de cacarecos.

- **To smell a RAT**

Ficar com suspeita, ter suspeita

○ **I smelled a RAT when I saw the two men leaving the building. I was right. They were thieves.**

Tive uma suspeita quando vi os dois homens saindo do prédio. Eu tinha razão, eram dois ladrões.

- **To RAT on someone**

Trair amigos, colegas

○ **The new member RATted on them and they were caught by the police.**

O novo membro os traiu e eles foram pegos pela polícia.

RAVEN • CORVO

O poeta Edgar Allan Poe (1809-1849) tem um poema de grande beleza dedicado ao corvo, e que inspirou outros poetas.

REIN • RÉDEA

- **To keep a tight REIN**

Manter a rédea curta

○ **You have to keep a tight REIN on your expenses, or you will incur debt.**

Você precisa manter a rédea curta nas suas despesas, senão vai se endividar.

- **To REIN in something**

Exercer controle sobre alguma coisa

○ **The press has been asked to REIN in their criticism to certain people.**

A imprensa foi solicitada a controlar suas críticas sobre certas pessoas.

- **To give REIN to one's fancy**

Dar rédeas à imaginação

○ **I gave REIN to my fancy and saw myself in the Swiss mountains.**

Dei rédeas à minha imaginação e vi-me nas montanhas suíças.

RHINOCEROS • RINOCERONTE, PAQUIDERME

● **To have a hide of a RHINOCEROS**
Ser um paquiderme
○ **Nothing that you say will affect him, for he has the skin of a RHINOCEROS.**
Nada do que você disser o afetará, porque ele é um paquiderme.

ROBIN, ROBIN REDBREAST • TORDO AMERICANO

● **A round ROBIN**
Abaixo-assinado com as assinaturas em círculo para não mostrar precedência
○ **Have you signed the round ROBIN we are sending to the governor?**
Você assinou o abaixo-assinado que vamos mandar para o governador?

● **ROBIN's-egg blue**
azul-claro esverdeado
○ **She wanted the gate painted ROBIN's-egg blue.**
Ela queria que o portão fosse pintado de azul-claro esverdeado.

ROOST • POLEIRO

● **To rule the ROOST**
Cantar de galo, dominar
○ **At Mary's, she is the one that rules the ROOST.**
Na casa de Mary é ela que canta de galo.

- **Come home to ROOST**

Voltar à tona, algo do passado que ressurge

○ After so many years, the affair he had had with Mary came to ROOST when she appeared at the party.

Depois de tantos anos, o caso que ele teve com Mary voltou à tona quando ela apareceu na festa.

- **To go to ROOST**

Ir dormir

○ It is so late, I am going to ROOST.

É tão tarde, eu vou dormir.

ROOSTER • GALO

- **A ROOSTER**

Pessoa convencida, pretensiosa

○ Mary's youngest sister is just a ROOSTER.

A irmã mais nova de Mary é pretensiosa.

RUMINATE • RUMINAR

- **To RUMINATE**

Ficar ruminando uma idéia

○ I RUMINATED for a long time, but did not get to a conclusion.

Fiquei ruminando por muito tempo, mas não cheguei a uma conclusão.

SHARK • TUBARÃO

- **A shark**

Pessoa que vitimiza outras, por extorsão ou trapaça, um tubarão
○ **Mary's father is a shark, that is why she has so much money.**
O pai de Mary é um tubarão, é por isso que ela tem tanto dinheiro.

- **A loan shark**

Um agiota
○ **In this area you can find many loan sharks.**
Nesta região encontram-se muitos agiotas.

- **To miss the sharks while netting the minnows.**

Ter sucesso em coisas pequenas, mas não nas importantes.
○ **You should concentrate your efforts on something more important, you are missing the sharks while netting the minnows.**
Você devia concentrar seus esforços em coisas mais importantes, você está tendo sucesso com as pequenas mas não com as grandes.

SHEEP • OVELHA

Faz parte de canções infantis

- **A black sheep**

A ovelha negra (da família, de um grupo)
○ **John is the black sheep of the family and lives alone.**
John é a ovelha negra da família e mora sozinho.

- **To be a wolf in SHEEP's clothing**

Lobo em pele de ovelha

○ He is such a gentleman, but beware, he is a wolf in SHEEP's clothing.

 Ele é um cavalheiro, mas tome cuidado, é um lobo em pele de ovelha.

- **One might as well be hanged for a SHEEP as for a lamb**

Castigado por pouco, castigado por muito; bandeira pouca é bobagem

○ Since I am having a beer, I'll have a piece of cake too. I might as well be hanged for a SHEEP as for a lamb.

 Já que vou tomar cerveja, vou também comer um pedaço de bolo, bandeira pouca é bobagem.

- **To be home on the SHEEP's back**

Estar se saindo bem, estar bem de vida

○ He has always worked hard and is now on the SHEEP's back.

 Ele sempre trabalhou muito e agora está muito bem de vida.

- **To cast SHEEP's eye at someone**

Lançar olhares de peixe morto

○ Mary is casting SHEEP's eye at John, but he pretends not to notice.

 Mary está lançando olhares de peixe morto para John, mas ele finge que não percebe.

- **To ride on the SHEEP's back**

Lucrar com a produção de lã

○ He has a large SHEEP-fold and rides on the SHEEP's back.

 Ele tem um aprisco grande e lucra com a produção de lã.

- **To separate the SHEEP from the goats**

Separar os que têm alguma habilidade dos que não têm, separar os competentes dos outros

○ Before we assign them any tasks, let's separate the SHEEP from the goats.

 Antes de lhes atribuirmos qualquer tarefa, vamos separar os competentes dos outros.

A B C D E F G H I J K L M N O P Q R **S** T U V W X Y Z

● **To spoil the SHEEP for a ha'p'orth of tar**
Fazer falsa economia
○ **Cutting your dessert is spoiling the SHEEP for ha'p'orth of tar.**
   Deixar de comer sobremesa é fazer falsa economia.

● **SHEEPish**
Tímido, acanhado, como se fosse culpado de alguma coisa,
encabulado
○ **He is so SHEEPish that won't even talk to anybody.**
   Ele é tão tímido que nem fala com ninguém.

● **To count SHEEP**
Contar carneiros para adormecer
○ **I spent the night counting SHEEP till dawn.**
   Passei a noite contando carneiros para adormecer, até de madrugada.

● **SHEEPhead**
Tolo, néscio
○ **Don't listen to him, he is a SHEEPhead.**
   Não preste atenção ao que ele diz, ele é um tolo.

● **Flock of sheep / Like a flock of SHEEP**
Como um rebanho de carneiros, isto é, medrosos, seguindo e
obedecendo sem questionar
○ **The leader was a fraud, but they followed him like a flock of SHEEP.**
   O líder era fraudulento, mas eles o seguiam como carneiros.

SKUNK • GAMBÁ

● **SKUNK**
Cafajeste, canalha
○ **That SKUNK tried to damage my car.**
   Aquele cafajeste tentou danificar meu carro.

○ Every man must skin his own SKUNK.

Cada um tem que esfolar o seu gambá.

SNAIL • CARAMUJO

● At SNAIL's pace

A passo de tartaruga/cágado

○ Traffic conditions were bad because of an accident, and we moved at SNAIL's pace.

O trânsito estava ruim por causa de um acidente e andamos a passo de tartaruga.

● SNAIL-mail

Correio tradicional, que não é e-mail

○ She has a computer, bur insists in using SNAIL-mail.

Ela tem computador, mas insiste em usar o correio tradicional.

SNAKE • COBRA

Já aparece na lenda da criação do mundo, tentando Eva com a maçã

● A game of SNAKES and ladders

Uma seqüência de altos e baixos. Alusão ao jogo infantil do mesmo nome, que contém prêmios e castigos

○ Life is a game of SNAKES and ladders.

A vida é uma seqüência de altos e baixos.

● A SNAKE in the grass

Pessoa de mau caráter, dissimulada, traiçoeira, não confiável

○ Mary pretends to be your friend, but she is a SNAKE in the grass.

Mary finge ser sua amiga, mas ela é traiçoeira.

A B C D E F G H I J K L M N O P Q R **S** T U V W X Y Z

- **A snake pit**

Covil de víboras, lugar perigoso, desconfortável

○ **Mary said she was glad to retire, for her office was a snake pit.**

Mary disse que estava contente de se aposentar, pois o seu escritório era um covil de víboras.

- **snake**

Pessoa falsa

○ **I trusted John, only to find out that he is a snake.**

Confiei em John, só para descobrir que ele é falso.

SNOWBIRD • PESSOA QUE VAI PARA LUGARES QUENTES NO INVERNO

- **snowbirds go to Miami in Winter.**

Pessoas que procuram lugares quentes no inverno vão para Miami.

SOW • PORCA

fêmea de porco e também de mink (vison)

- **One cannot make a silk purse out of a sow's ear**

É impossível fabricar artigo de boa qualidade sem o material adequado.

○ **I cannot make you an evening dress with this material, one cannot make a silk purse out of a sow's ear.**

Não posso lhe fazer um vestido de noite com este tecido, é impossível fazê-lo sem o material adequado.

- **To get the wrong sow by the ear**

Chegar a uma conclusão errada, enganar-se de pessoa/coisa

○ **My data was insufficient and I got the wrong sow by the ear.**

Meus dados estavam incompletos e cheguei a uma conclusão errada.

SPHYNX • ESFINGE

No antigo Egito, monstro com cabeça de mulher e corpo de leão. Na Grécia, o monstro tinha também asas de águia, que matava os viandantes que não conseguiam resolver os enigmas que lhes eram propostos.

- **A SPHINX**

Pessoa enigmática, misteriosa

○ She is a beautiful woman, and also a SPHINX.

Ela é uma mulher linda e também enigmática, uma esfinge.

- **SPHINX moth ou hawk moth**

Esfingídea = tipo de mariposa

SPIDER • ARANHA

- **To be the center of a SPIDER's web**

Controlar uma operação de ingredientes numerosos e complexos

○ Of course he is an important man, he is the center of the SPIDER's web.

É claro que ele é um homem importante, é ele que controla as operações complicadas.

- **SPIDERMAN**

Pessoa que ergue a estrutura metálica de um prédio

- **SPIDER phaeton**

Faetonte (carruagem alta com rodas grandes e delgadas)

○ We could see a SPIDER phaeton at the museum.

Pudemos ver um faetonte no museu.

A B C D E F G H I J K L M N O P Q R **S** T U V W X Y Z

SPRAT • ARENQUE PEQUENO, NOVO

• **To throw a sprat to catcha mackerel**
Arriscar um pouco na esperança de ganhar muito
○ **What we invested in that new enterprise was a sprat to catch a mackerel.**
   O que investimos naquele empreendimento foi um pouco para ganhar muito depois.

SQUIRREL • ESQUILO

• **squirrel dew**
Uísque doméstico, adulterado, de contrabando
○ **They served an awful squirrel whiskey.**
   Eles serviram um horrível uísque adulterado.

• **To squirrel away**
Esconder ou guardar para o futuro. Os esquilos enterram nozes
○ **I squirreled away some money and now I am going to Europe.**
   Eu guardei um pouco de dinheiro e agora vou para a Europa.

• **squirrel gun/rifle**
Espingarda de calibre pequeno

STAG • VEADO MACHO

• **A stag party**
Festa só de homens
○ **John is not home, he went to a stag party.**
   John não está em casa, foi a uma festa só de homens.

• **stag (A)**
Sem companhia feminina

○ Go **STAG** if Mary cannot go with you.
   Vá sozinho se Mary não pode acompanhá-lo.

● **STAG**
Especulador que compra ações novas
○ He makes his living as a **STAG**.
   Ele ganha a vida como especulador.

● **STAG** night
Despedida de solteiro
○ They all drank too much at John's **STAG** night.
   Eles todos beberam muito na despedida de solteiro de John.

SWALLOW • ANDORINHA

● **SWALLOW** dive
Salto de anjo (natação)
○ He always does a **SWALLOW** dive for starts.
   Ele sempre faz um salto de anjo para começar.

● **SWALLOW**-tailed coat
Fraque
○ Maestros always wear **SWALLOW**-tailed coat.
   Maestros sempre usam fraque.

SWAN • CISNE

● The **SWAN** of Avon
O cisne de Avon, epíteto de Shakespeare
○ Of course we saw a play of the **SWAN** of Avon.
   É claro que vimos uma peça do cisne de Avon.

A B C D E F G H I J K L M N O P Q R **S** T U V W X Y Z

- swan dive (A)

salto de anjo (natação)

Veja swallow dive (B).

- swan song

Canto do cisne. Diz a lenda que o cisne só canta quando está para morrer

○ This book is my swan song.

Este livro é o meu canto do cisne.

SWINE • PORCO

- To cast pearls before swine

Jogar pérolas aos porcos

○ To give her a piece of jewelry is to cast pearls before the swine.

Dar-lhe uma jóia é jogar pérolas aos porcos.

TAIL • CAUDA

● TAIL
Detetive que segue pessoa
○ The police put a TAIL on the suspect.
  A polícia pôs um detetive seguindo o suspeito.

● TAILboard / TAILgate
Traseira móvel de carroça ou caminhão
○ The truck driver left the TAILgate open and lost all his merchadise.
  O caminhoneiro deixou a traseira do caminhão aberta e perdeu toda sua mercadoria.

● TAILgate
Dirigir colado no carro da frente
○ You are prone to accidents when you TAILgate.
  Você está sujeito a acidentes quando dirige colado no carro da frente.

● TAIL-end Charlie
O último numa competição
○ Mary does not want to participate, because she is always the TAIL-end Charlie in any competition.
  Mary não quer participar, porque ela sempre chega por último em qualquer competição.

ABCDEFGHIJKLMNOPQRS**T**UVWXYZ

- **Bright-eyed and bushy-TAILed**

Acordado e alerta

○ **At five in the morning, he is always bright-eyed and bushy-TAILed.**

Às cinco da manhã ele está sempre acordado e alerta.

- **The TAIL end of something**

O fim de alguma coisa

○ **We were so late, we arrived at the TAIL end of the show.**

Estávamos tão atrasados, chegamos na parte final do show.

- **The sting in the TAIL**

A conclusão inesperada e desagradável

○ **The sting in the TAIL was that we would not get paid for the job.**

A conclusão desagradável e inesperada foi que não iríamos ganhar nada pelo trabalho.

- **To get off one's TAIL**

Sair da inércia, começar a se mexer

○ **It's time you got off your TAIL and did something useful.**

Está na hora de você se mexer e fazer alguma coisa útil.

- **To have one's TAIL between one's legs**

Estar com o rabo entre as pernas

○ **He was found guilty and left the place with his TAIL between his legs.**

Ele foi considerado culpado e deixou o lugar com o rabo entre as pernas.

- **To turn TAIL**

Escapar, fugir, dar no pé

○ **They felt they were going to be defeated, so they turned TAIL.**

Eles perceberam que iam ser derrotados, então deram no pé.

- **TAIL coat**

Casaca

○ He did not have a **TAIL** coat for the formal reception, and had to hire one.

Ele não tinha uma casaca para a recepção formal e teve que alugar uma.

- **Unable to make head or TAIL of something**

Incapaz de compreender

○ I could not make head or **TAIL** of his speech.

Não fui capaz de entender o discurso dele.

- **TAIL of one's eye**

Rabo do olho

○ I could see everything that was going on, with the **TAIL** of my eye.

Eu pude ver tudo que estava acontecendo, com o rabo do olho.

- **TAIL wagging the dog**

O rabo sacudindo o cachorro

○ He is a junior assistant, but already giving orders. A case of a **TAIL** wagging the dog.

Ele é o assistente mais novo, mas já dá ordens. É o rabo sacudindo o cachorro.

- **To twist the lion's TAIL**

Humilhar ou provocar a Grã-Bretanha. O leão é símbolo da Grã-Bretanha e está no seu brasão de armas, juntamente com o unicórnio.

TICK • CARRAPATO

- **As full as a TICK**

Muito cheio de comida ou bebida. Alusão ao carrapato cheio de sangue

○ He ate too much and is now as full as a **TICK**.

Ele comeu demais e agora está entupido de comida.

ABCDEFGHIJKLMNOPQRS**T**UVWXYZ

● **As tight as a** TICK
Grudado como um carrapato

○ **Wherever we went he was there, as tight as a** TICK.
Onde quer que fôssemos ele estava lá, grudado como um carrapato.

● **Tick pecker / ox pecker**
Anu. Ave que se alimenta de carrapatos do dorso do boi.

TIGER • TIGRE
Pessoa dinâmica ou cruel

● **A paper** TIGER
Um tigre de papel, uma ameaça vã, vazia, adversário covarde.
Frase cunhada por Mao-Tse-tung no auge da guerra do Vietnã, acusando os países
capitalistas de defender seus próprios interesses e ameaçar os inimigos.

○ **No one fears him, because they know he is a paper** TIGER.
Ninguém tem medo dele, porque sabem que é um tigre de papel.

● **A** TIGER **den**
Casa de jogo de faraó (jogo de cartas)

○ **He spends his days in a** TIGER **den.**
Ele passa seus dias numa casa de jogo de faraó.

● **To have a** TIGER **by the tail**
Estar envolvido em atividade muito mais perigosa do que se pensava,
subestimar a força de alguém

○ **He had a** TIGER **by the tail when he challenged his enemy.**
Ele subestimou seu inimigo quando o desafiou.

● **Blind** TIGER
Bar clandestino de baixa categoria

○ **In this part of the town there are many blind** TIGERS.
Nesta parte da cidade há muitos bares clandestinos de baixo nível.

- **A toothless TIGER**

Pessoa com poderes inadequados para sua função

○ The new sheriff is a toothless tiger.

O novo delegado é de poderes inadequados para a função.

- **To ride a TIGER**

Descobrir que a pessoa que se pretende usar é seu superior e o tem sob controle

○ He did not know he was riding a TIGER when he was using Peter for his purposes.

Ele não sabia que Peter era seu superior e o tinha sob controle

TOAD • SAPO

- **TOAD in the hole**

Salgadinho de salsicha envolta em massa

○ The appetizers were TOAD in the hole.

Os salgadinhos eram de salsicha envolta em massa.

- **TOAD eater = toady**

Bajulador, puxa-saco

○ John is such a TOAD eater, I cannot stand him.

John é um puxa-saco, não o tolero.

TURKEY • PERU

- **A cold TURKEY**

A verdade nua e crua; método de curar dependência a drogas, retirando-as abruptamente

○ The cold TURKEY is that he is a spy.

A verdade nua e crua é que ele é um espião.

A B C D E F G H I J K L M N O P Q R S **T** U V W X Y Z

○ A cold **TURKEY** is supposed to work with most addicts.
Dizem que o método de tirar drogas abruptamente funciona para a maioria dos drogados.

● To talk **TURKEY**
Discutir de maneira franca e prática, especialmente negócios
○ They had many misunderstandings and finally decided to talk **TURKEY**.
Eles tiveram muitos desentendimentos e finalmente decidiram discutir de maneira franca e prática.

● Turkey
Fracasso, ruim; pessoa presunçosa, convencida
○ The new play they put on was a **TURKEY**.
A nova peça que eles encenaram foi um fracasso.
○ He is unable to do anything properly, he is just a **TURKEY**.
Ele é incapaz de fazer qualquer coisa adequadamente, é apenas muito presunçoso.

● **TURKEY** cock
Pessoa arrogante
○ The new manager is a **TURKEY** cock.
O novo gerente é uma pessoa arrogante.

● A **TURKEY** town (1865)
Lugarejo (pejorativo)
○ He is now living in a **TURKEY** town.
Ele está morando agora num lugarejo.

TURTLE • TARTARUGA

● To turn **TURTLE**
Capotar, virar de cabeça para baixo
○ The boat turned **TURTLE**, but they all could swim and reached the shore.
O barco capotou, mas eles todos sabiam nadar e chegaram à praia.

UNICORN • UNICÓRNIO

Animal mítico que aparece no brasão de armas da Inglaterra e também da Escócia, simbolizando pureza. No Velho Testamento, é descrito como animal de dois chifres, que poderia ser o rinoceronte ou auroque, animal recentemente extinto

● **UNICORN** tapestries can be seen at the Cloisters in New York.
Tapeçarias de unicórnios podem ser vista nos Cloisters de Nova York.

VARMINT • "VERME", PESSOA INDESEJÁVEL

• That VERMIN is again trying to steal my mail.
Aquele verme está tentando de novo roubar minha correspondência.

VULTURE • ABUTRE

• VULTURE
Abutre, pessoa que ataca ou se aproveita sem piedade, especialmente dos mais fracos
○ He is just a VULTURE observing the weak he can attack.
 Ele é um abutre, observando os fracos que pode atacar.

• Culture VULTURE
Pessoa muito interessada nas artes, música, teatro
○ Of course Mary was at the opening, she is a culture VULTURE.
 É claro que Mary estava na abertura, ela é muito interessada em arte.

WEASEL • DONINHA, FUINHA

- **To weasel out of something**
Tirar o corpo fora, livrar-se de um aperto
  ○ He always manages to weasel out of working after hours.
  Ele sempre tira o corpo fora de fazer serão.

- **weasel**
Veículo motorizado, com lagarta, usado na neve

- **weasel words**
Palavras evasivas, enganosas
  ○ He made promises, but they were all weasel words.
  Ele fez promessas, mas eram enganosas

- **weasel out**
Voltar atrás a palavra, um compromisso
  ○ He promised to come but weaseled out.
  Ele prometeu vir, mas voltou atrás.

WHALE • BALEIA

- **Have a whale of a time/job/task**
Ser tudo maravilhoso
  ○ I had a whale of a time in that island.
  Diverti-me a valer naquela ilha.

ABCDEFGHIJKLMNOPQRSTUV**W**XYZ

○ I have a WHALE of a job.

Tenho um emprego maravilhoso.

○ It was a WHALE of a task.

Foi uma tarefa maravilhosa.

● WHALE the tar out of someone

Surrar, bater em alguém

○ If you ever do this again I'll WHALE the tar out of you.

Se você fizer isso mais uma vez vou lhe dar uma surra.

● WHALE at/on

Bater com muita força

○ He WHALEd at the door until he broke it.

Ele bateu com tanta força na porta até que a quebrou.

WHISKER • FIO DE BARBA OU BIGODE

● By a WHISKER

Por um triz

○ The bullet missed me by a WHISKER.

A bala não me atingiu por um triz.

● The cat's WHISKERS

Algo muito bom; ser o tal.

○ My new car is really a cat's WHISKERS.

O meu carro novo é realmente o tal.

WHOA • Ô!

(interjeição para parar cavalo)

● From go to WHOA

Do começo ao fim

○ We watched the ceremony from WHOA to WHOA.

Observamos a cerimônia do começo ao fim.

WING • ASA

● WING

Ala de edifício

○ Her office is in the left WING.

O escritório dela fica na ala esquerda.

● WING mirror

Espelho retrovisor lateral

○ I could see them coming through the mirror.

Eu pude vê-los chegando, pelo espelho retrovisor.

● WING tip

Calçado masculino com a parte da frente perfurada, como enfeite

○ WING tip shoes are very comfortable.

Calçados com a parte da frente perfurada são muito confortáveis.

● To clip someone's WINGS

Cortar as asas de alguém

○ The janitor was acting like the owner of the building and we had to clip his WINGS.

O zelador estava agindo como dono do prédio e tivemos que lhe cortar as asas.

● To spread one's WINGS

Estender as asas, fazer uso de todas suas habilidades

○ If you do not let you daughter live by herself how is she going to spread her WINGS?

Se você não deixa sua filha morar sozinha, como é que ela vai fazer uso de todas as habilidades dela?

A B C D E F G H I J K L M N O P Q R S T U V **W** X Y Z

● **To take someone under one's WINGS**
Tomar alguém sob sua proteção
○ **She took the orphan under her WINGS.**
Ela tomou o órfão sob sua proteção.

● **In the WINGS**
Escondido nos bastidores do teatro, pronto para agir quando necessário
○ **Her understudy was in the WINGS.**
A substituta dela estava nos bastidores.

● **On/in the WING**
Viajando, voando
○ **Now she is on the WING, but will be back next week.**
Agora ela está viajando, mas estará de volta na semana que vem.

● **Waiting in the WINGS**
Ficar/estar de espreita, ficar de olho
○ **She was waiting in the WINGS for me to retire, so she could take my position.**
Ela estava de olho na minha aposentadoria, para ela poder ficar com o cargo.

● **WING collar**
Colarinho virado para cima, com as postas dobradas sobre a gravata
○ **Everybody used to wear a WING collar in the House of Lords.**
Todos costumavam usar colarinho virado, na Câmara dos Lordes.

WOLF • LOBO
Homem que é conquistador, gosta de seduzir mulheres

● **A lone WOLF**
Um lobo solitário
○ **He has no friends, he is a lone WOLF.**
Ele não tem amigos, é um lobo solitário.

- **To be a WOLF in sheep's clothing**

Lobo em pele de cordeiro

○ Don't be mislead by his sweet manners. He is a WOLF in sheep's clothing.

Não se engane com as maneiras suaves dele. Ele é um lobo em pele de cordeiro.

- **To cry "WOLF"**

Dar alarme falso.

Reporta-se à fábula do menino pastor que se divertia avisando a vila de um ataque de lobos. Quando o fato realmente aconteceu ninguém acreditou nele e lá se foram as ovelhas.

○ They had cried WOLF so many times, that when it was for true no one believed.

Eles deram alarme falso tantas vezes que, quando foi para valer, ninguém acreditou.

- **To keep the WOLF from the door**

Manter a fome longe de casa, não dar para comer

○ The money he makes is not enough to keep the WOLF from the door.

O dinheiro que ele ganha não dá para comer.

- **To throw someone to the WOLVES**

Abandonar alguém à própria sorte, atirar às feras

○ He knew of the danger, but threw his friend to the WOLVES.

Ele sabia do perigo mas abandonou o amigo à própria sorte.

- **WOLF note**

Em música, som desagradável, de instrumento de cordas

WOOL • LÃ

● **Dyed in the WOOL**
Leal/fiel até debaixo d'água, convicto
○ **He is a Tory dyed in the WOOL.**
  Ele é um Tory (partido conservador) até debaixo d'água.

● **Lose one's WOOL**
Perder a calma
○ **Stop this nonsense now or I'll lose my WOOL.**
  Pare com essa besteira já, senão eu perco a calma.

● **Pull the WOOL over someone's eyes**
Enganar alguém, jogar areia nos olhos.
○ **He tried to pull WOOL over my eyes with a sad story about his mother.**
  Ele tentou me enganar com uma história triste de sua mãe.

● **Against the WOOL**
A contrapelo
○ **She petted the cat against the WOOL and she did not like it.**
  Ela acariciou o gato a contrapelo e ele não gostou. (Cat é feminino quando você não sabe seu sexo.)

● **Much cry and little WOOL**
Muito barulho por nada
○ **I do not see anything being accomplished, just much cry and little WOOL.**
  Não vejo nada sendo realizado, só muito barulho por nada.

All WOOL and a yard wide
Caloroso, amigável, sincero; extraordinário, notável. Alusão ao tecido que é 100% lã e exatamente uma jarda de largura padrão.
○ **The new mayor is all WOOL and a yard wide.**
  O novo prefeito é extraordinário.

- **wool-gathering**

Devaneio, distração.

Alusão ao ato de coletar tufos de lã presos nas sebes, o que obriga ir de um lado para outro de maneira inconstante

He did not pay attention to the lecturer, he was wool-gathering.

Ele não prestou atenção no conferencista, estava devaneando.

WORM • MINHOCA

- **A bookworm**

Um rato de biblioteca

○ **He must be at the library, he is a bookworm.**

Ele deve estar na biblioteca. É um rato de biblioteca.

- **A can of worms**

Problemas inesperados

○ **All seemed to go well, when someone opened a can of worms.**

Tudo parecia ir bem, mas de repente alguém fez surgir uma porção de problemas.

- **A worm's eye view**

Visto de baixo

○ **A photo of the sky is always a worm's view.**

Uma foto do céu é sempre vista de baixo.

- **The early bird gets the worm**

Deus ajuda a quem cedo madruga

○ **There will be a long line of candidates for the job, so you better be there early; you know, it is the early bird that gets the worm.**

Vai haver uma fila grande de candidatos para o emprego, de modo que é melhor você chegar cedo, você sabe, Deus ajuda a quem cedo madruga.

ABCDEFGHIJKLMNOPQRSTUVWXYZ

- **The WORM has turned**

Deu o basta, perdeu a paciência. Alusão ao ditado *Tread on a worm's tail and it will turn* (Pise no rabo de uma minhoca e ela se vira)

○ I put up with her sarcasm for many years, but now the WORM has turned.

Agüentei o sarcasmo dela durante anos, mas agora basta.

- **To WORM one's way through**

Abrir caminho acotovelando-se

○ It was a thick crowd and we had to WORM our way to the door.

A multidão era espessa e tivemos que nos acotovelar até a porta.

WREN / WRENS • WOMEN'S ROYAL NAVY SERVICE.

Serviço feminino da Marinha Real. *Wren* é uma corruíra e, por coincidência, o acrônimo tem a mesma forma

- **She joined the WRENS during war.**

Ela se alistou nas WRENS durante a guerra.

ABCDEFGHIJKLMNOPQRSTUVWXY**Z**

ZEBRA • ZEBRA

● **ZEBRA** crossing(B)
Faixa de segurança de pedestres
○ **ZEBRA crossings are for the safety of pedestrians.**
  Faixas de segurança são para a segurança de pedestres.

Este livro foi impresso em julho de 2006 pela
Prol Editora Gráfica Ltda. sobre papel offset 90g/m².